Depresión...
¡Te vencí!

"No hubo tiempo para la tristeza"

Libro Inteligente

Segunda Edición

Sandra M. Ramírez

Depresión...
¡Te vencí!
"No hubo tiempo para la tristeza"

Dirección de internet

Copyright ©

Sam.ramirez.1102@gmail.com

escritora@sandraramirez.co

Título original: Depresión te vencí.

Segunda edición

01/12/2023

ISBN: 9798472238533

Todos los derechos reservados

Depresión...
¡Te vencí!

"No hubo tiempo para la tristeza"

Segunda Edición

REDES SOCIALES, PENSAMIENTOS Y CONSEJOS

Depresión...
¡Te vencí!
"No hubo tiempo para la tristeza"

DEDICATORIA

Con mucho amor dedico este libro a mi madre Ana María, quien ha sido mi apoyo en todos mis aciertos y desaciertos; a mi padre José, quien ya partió de este mundo... **¡sé que está muy orgulloso de mí!** A mis hijos Miguel y Daniel, ambos han sido mi motivación para salir adelante, a pesar de las adversidades o duras pruebas en esta vida; a mis hermanas Diana, Yenny y Angélica, mis amigas y cómplices en todo; a mi hermano Nicolás, aunque es menor que yo, es como mi padre.

Como también, a todas las mujeres y personas que han pasado (o están pasando) por difíciles situaciones; este libro es una voz de aliento.

Depresión...
¡Te vencí!
"No hubo tiempo para la tristeza"

Depresión...
¡Te vencí!

"No hubo tiempo para la tristeza"

AGRADECIMIENTOS

Le agradezco profundamente a mi hermana Diana; también a quienes me apoyaron, confiando en mí para contar su historia a través de la mía, animándome a hacerlo. Expreso mi humilde agradecimiento a esas **5** mujeres que decidieron tomar un lapicero, para narrar también su experiencia de vida, plasmada en esta obra: Tatiana, Rut, Johana y en especial a Olga, quién fue la primera en escribir su relato para mí hace 10 años, en el 2010, cuando apenas estaba empezando con esta obra literaria.

Con mucho cariño agradezco a Andrés y Rubén, los padres de mis hijos… por su apoyo infinito.

De igual manera mi gratitud y amor a mi amiga Olga Lucia Tamayo Salazar (Terapeuta en Sanación Emocional), por sus sabios consejos y su amor incondicional.

Deseo expresar mi más profundo afecto y aprecio a Jorge Mario López Jaramillo (director del Instituto Técnico **American Business School**), por su apoyo al encaminarme en el maravilloso mundo de la docencia y recibir a **CRISTO** en mi corazón.

Me gustaría también reconocer la contribución de las personas que generosamente entregaron su conocimiento y tiempo en esta obra: Jaqueline Porras Becerra (revisora y correctora de estilo), Roberto Velásquez (maqueta), María Paola Franco y Wilson Guerrero (fotografía y portada), Jairo Adrián Ramos (por su aporte como psicólogo), para ellos mi gratitud, admiración y amor.

Depresión...
¡Te vencí!

"No hubo tiempo para la tristeza"

Sandra M. Ramírez Hernández

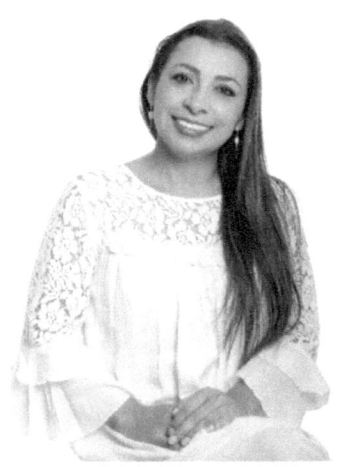

Nace en la ciudad de Pereira, Risaralda (Colombia), el 19 de Julio de 1980, donde ha vivido toda su vida, realizó estudios de Administración y Mercadeo, Gestión del Talento Humano, Gerencia de Proyectos y Marketing Digital. Docente catedrática, fundadora de la "**Fundación Mujer Mandala**" y fundadora de la plataforma de moda "**Bisumoda**". Emprendedora y empoderada.

Durante los últimos trece años, ha dedicado parte de su vida a la labor social, con mujeres de escasos recursos de su comunidad. Conferencista y tallerista en temas de empoderamiento y amor propio hacia la mujer.

Depresión...
¡Te vencí!
"No hubo tiempo para la tristeza"

Enlaces de contacto Escritora Sandra M. Ramírez Hernández

Facebook

https://bit.ly/3Afvzvb

Facebook "Fundación Mujer Mandala"

https://bit.ly/3irDob3

Instagram

https://l1nk.dev/wROqg

YouTube

https://www.youtube.com/@mujermandala9875

Página web

https://sandraramirez.co/

Depresión...
¡Te vencí!
"No hubo tiempo para la tristeza"

Sobre este libro…

Viví en carne propia "la depresión", muchas personas aún piensan que es un mito y que no existe. En esta obra, encontrarán la historia real de una mujer que la vivió hasta tocar fondo, revelando sus más oscuros sentimientos de dolor y tristeza inexplicable.

Acompañada por 5 historias más, de mujeres (que como yo), lograron salir adelante a pesar de las circunstancias.

Es un libro ideal para regalar a una persona que está empezando sus primeros episodios de tristeza inexplicable; aquí podrán entender ¿qué es la depresión?, ¿cómo entenderla? y enfrentarla.

"Estar triste también hace parte de estar vivo"

Sandra M. Ramírez

Depresión...
¡Te vencí!
"No hubo tiempo para la tristeza"

Depresión...
¡Te vencí!

"No hubo tiempo para la tristeza"

Índice

MIEDO	21
ENCUENTRO CON LA DEPRESIÓN	29
¡VENCÍ LA DEPRESIÓN!	39
¿QUÉ ES LA DEPRESIÓN?	49
A MIS 15 AÑOS	55
MANEJO DE LAS EMOCIONES	63
VOLVER A EMPEZAR	67
ABRIÉNDOLE PASO AL DOLOR	75
EL PRÍNCIPE AZUL	87
CARÁCTER	103
AMOR Y DOLOR	111
TRANSFORMANDO MI VIDA	119

Depresión…
¡Te vencí!

"No hubo tiempo para la tristeza"

Sandra M. Ramírez

Depresión...
¡Te vencí!

"No hubo tiempo para la tristeza"

"La depresión tiene que ver con las ganas de vivir, no con estar contento o triste"

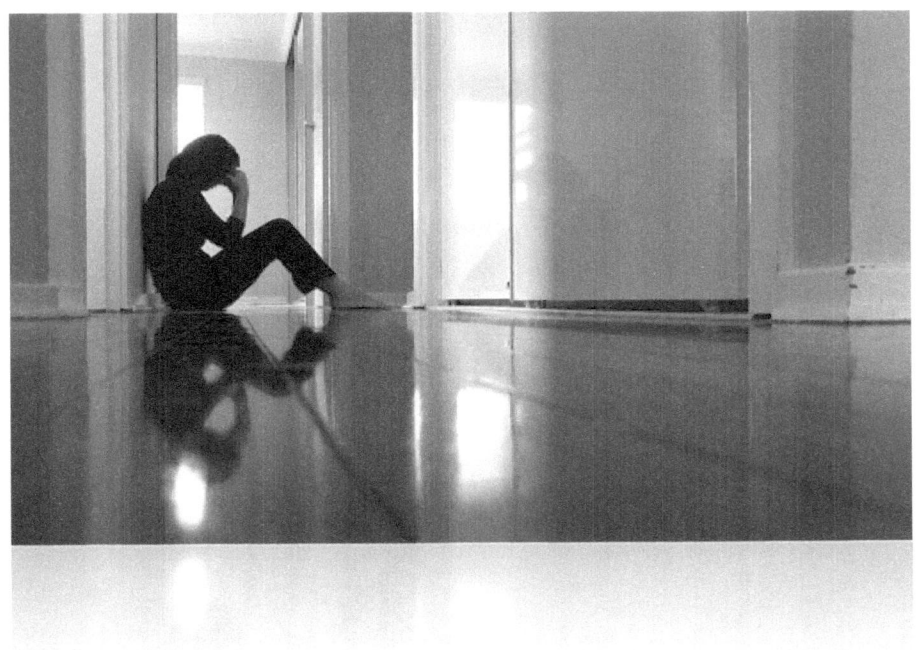

Depresión...
¡Te vencí!
"No hubo tiempo para la tristeza"

Depresión...
¡Te vencí!
"No hubo tiempo para la tristeza"

CAPÍTULO 1

MIEDO

Es sábado, un sábado de febrero de 2014, un día en casa cuidando los niños, los niños acaban de dormirse, son las 8:30 pm... que cansada me siento. Miguel tiene 4 años, es de un carácter tranquilo, pasivo, muy inteligente, creativo y muy, muy tierno... salió a su padre. Cada que lo veo, es como si viese a Andrés, sus mismos gestos, caminan igualito, comen igual y su expresión corporal es muy similar. Daniel va cumplir 1 año (en 8 días), es un terremoto por completo, de un carácter fuerte, no se queda quieto, todo lo quiere hacer y todo lo quiere saber, es un niño muy inteligente; él, creo, que tiene un poco de su padre y otro poco de mí; su padre no es el mismo de Miguel.

Había pasado una dura semana con los niños hospitalizados, Miguel por un virus y Daniel por una gastroenteritis, solo quería dormir. Los niños me habían despertado a las 6:30 am, quería seguir durmiendo, mi cuerpo lo pedía y mi alma también, había sido una dura semana; de repente... Daniel llora... salgo corriendo de la habitación, Miguel le quitó un juguete.

Me puse a jugar con ellos, hicimos un parqueadero de carritos, yo les cobraba por ingresar, me pagaban con unos billetes de juguete, así nos dieron las 7:30 am; me voy a la cocina, les preparo el desayuno y volví a la cama... mi cama... mi lugar favorito por estos días; amo mis sábanas blancas y mi cobija rosa, hacen la combinación perfecta para mí, me envuelvo en ellas y me quedo dormida de nuevo. De repente, escuché unos gritos y me despierto exaltada... es Daniel, Miguel le pegó; me levanto de la cama descalza, el suelo está muy frio, me devuelvo por las chanclas y grito — ¿qué pasó?... Daniel viene hacia mí llorando, —mi hermano me pego aquí... lo sobo y regaño a Miguel quien se va para el patio mirando feo (arruga las cejas igual a su padre). Ya son las 9:00 am, no es que haya podido dormir mucho. Decido quedarme en pie, sin fuerzas, no quiero comer, no quiero nada, mi mente está muy lejos de aquí, mucho más lejos de lo que yo creo… —la pasta, olvide tomarme la pasta para el hipotiroidismo que padezco hace un año; voy a la cocina un vaso con agua y la pasta.

— ¡Niños a bañarse!, en la casa donde vivimos no hay agua caliente, pongo una olla con agua en la estufa, agua suficiente para los dos (hace frío afuera); una mañana fría, tan fría como mi alma, no importa lo que sienta, lo que piense y lo que quiera hacer… "no hay tiempo para la tristeza", tengo que seguir siendo mamá de tiempo completo.

Así pasan mis días y mi vida… "sobreviviendo", aguantando, pero ya no podía más, la casa era grande, de esas casas antiguas, con una sala grande, comedor, cocina, 3 habitaciones. Mi lugar favorito "el patio", muy grande, con muchas plantas, árboles y un estanque de agua donde pusimos peces para los niños.

Los peces estaban dando vueltas, como mi vida justo en ese momento.

No sabía qué hacer con mi vida, el único motor era ellos, no tenía nada más, lo había perdido todo.

Estaba afrontando la depresión más grande de mi vida y no lo sabía.

La depresión es un trastorno mental común que afecta el estado de ánimo, los pensamientos y el comportamiento de una persona. Se caracteriza por sentimientos persistentes de tristeza, desesperanza, falta de interés en actividades que antes resultaban placenteras, fatiga, cambios en el apetito o el peso, dificultades para concentrarse, problemas para dormir y pensamientos de autocrítica o incluso de suicidio.

La depresión puede variar en gravedad, desde casos leves en los que una persona puede seguir funcionando en su vida cotidiana hasta casos graves que pueden requerir tratamiento intensivo. Es importante destacar que la depresión es una enfermedad médica real y no simplemente un estado de ánimo bajo ocasional.

El tratamiento de la depresión generalmente implica terapia psicológica (como la terapia cognitivo-conductual) y, en algunos casos, medicamentos antidepresivos.

La detección temprana y el tratamiento adecuado son fundamentales para ayudar a las personas a superar la depresión y mejorar su calidad de vida. Según mi experiencia recomiendo que, si alguien está experimentando síntomas de depresión, es importante buscar ayuda profesional.

Según la organización mundial de la salud (OMS), se calcula que casi 300 millones de personas sufren esta enfermedad a nivel mundial, que es un 4.4% de la población mundial.

¿Quién tiene mayores probabilidades de sufrir depresión?

Aunque la depresión puede afectar, y afecta, a personas de todas las edades, de todas las ocupaciones y condiciones sociales, el riesgo de sufrir depresión se incrementa a causa de la pobreza, el desempleo, acontecimientos vitales importantes como la muerte de un ser querido o la ruptura de una relación sentimental, una afección física o problemas causados por el consumo de alcohol u otras sustancias.

"En mi caso la depresión venía desencadenada de varios sucesos de mi infancia y adolescencia"

Y lo supe mucho después de haber vivido en carne propia la depresión, cuando ¡por fin! **volví a ver la luz**, después de haber estado en las tinieblas; acepté la ayuda psicológica y descubrimos que mi depresión era **"UNA DEPRESIÓN REACTIVA"**

La depresión puede ser desencadenada o precipitada por eventos traumáticos en la vida de una persona. Cuando la depresión se relaciona directamente con un evento traumático, se conoce como **"depresión reactiva"** o **"trastorno depresivo reactivo"**.

Algunos ejemplos de eventos traumáticos que pueden desencadenar este tipo de depresión incluyen:

- <u>Pérdida de un ser querido</u>: La muerte de un familiar o amigo cercano puede llevar a un período de duelo y, en algunos casos, a la depresión.

- <u>Trauma físico o emocional</u>: Experiencias traumáticas, como un accidente grave, abuso emocional o físico, agresión sexual o desastres naturales; estos pueden contribuir al desarrollo de la depresión.

- <u>Pérdida de empleo o dificultades financieras</u>: La pérdida repentina de empleo o problemas financieros significativos pueden causar estrés y desencadenar la depresión en algunas personas.

- <u>Divorcio o ruptura de relaciones</u>: El fin de una relación amorosa o un divorcio puede llevar a la depresión, especialmente si la relación era significativa y duradera.

- <u>Trauma infantil</u>: Experiencias traumáticas durante la infancia, como abuso o negligencia, pueden aumentar el riesgo de desarrollar depresión en la edad adulta.

Es importante destacar que no todas las personas que experimentan eventos traumáticos desarrollan depresión; por tanto, la respuesta a un trauma puede variar ampliamente de una persona a otra. Además, la depresión relacionada con un evento traumático a menudo presenta síntomas similares a la depresión mayor, como: tristeza persistente, falta de interés en las actividades y dificultades para dormir. En estos casos, la terapia y el apoyo adecuados pueden ser importantes para ayudar a las personas a superar la depresión relacionada con el trauma.

También recomiendo el apoyo persistente de su núcleo familiar primario (padres, hermanos, hijos, pareja); ya que son quienes pueden detectar los cambios comportamentales de la persona que está experimentando los primeros síntomas de la depresión.

Por lo general, cuando estamos empezando con la depresión tendemos a aislarnos, encerrarnos en nuestra habitación, no querer a hablar con nadie del tema, se nos dificulta compartir nuestros sentimientos y pensamientos, sentimos que todo el mundo nos juzga o nos critican, evitamos las conexiones con amigos y compañeros, sentimos que nadie nos entiende. Perdemos el apetito y… así sucesivamente.

Por estos episodios, es que es tan importante el acompañamiento de los seres más queridos.

Depresión...
¡Te vencí!
"No hubo tiempo para la tristeza"

"La depresión es un trastorno del estado anímico en el cual los sentimientos de tristeza, pérdida, ira o frustración, interfieren con la vida diaria durante un período de tiempo".

Depresión...
¡Te vencí!
"No hubo tiempo para la tristeza"

Depresión...
¡Te vencí!
"No hubo tiempo para la tristeza"

CAPÍTULO 2

ENCUENTRO CON LA DEPRESIÓN

Las olas son hermosas, veníamos viajando desde Pereira por carretera, mi hermana Diana, el novio, mi amigo y yo. En Cartagena nos encontramos con mi padre y continuamos el viaje con él...

¡Fue un viaje inolvidable!

Estábamos en el parque **"Tayrona"**, un paraíso de las tierras colombianas en la Costa Atlántica, un paraíso terrenal, con el mar más lindo que jamás había visto.

Ya era las 2 de la mañana, no había nadie en la playa, solo nosotros, unas cervezas, nos acompañaban las estrellas, nos acostamos sobre la arena, se sentía tibia y cantábamos como si el mundo entero pudiese escucharnos... mi amigo cantaba todas las canciones de Felipe Peláez (hoy en día cada que escucho esa música recuerdo ese viaje); mi padre nos observaba desde una carpa de camping, creo que recordaba cuando era joven porque yo lo miraba y lo vi con una sonrisa pintada en sus labios... **él amaba verme sonreír.**

Todo el viaje duro 5 días y 4 noches.

Pasamos por la ciudad de Medellín el viernes... ¡me encanta los viajes por carretera!... paramos en todas partes, comimos de todo, conducimos toda la noche y muy temprano el sábado llegamos a Tolú, un Pueblito con playa, muy lindo, muchos artesanos vendiendo cosas hermosas; allí buscamos hotel y almorzamos, fuimos a la playa y en la noche nos cambiamos de hotel a otra playa llamada Playa blanca (en Coveñas), me gustó más esa playa, era más tranquila y la cabaña donde nos quedamos... muy linda. En la noche fuimos a un restaurante mágico en la orilla del mar, cuando entramos, nos percatamos que todo el mundo estaba vestido de blanco y nosotros no; aun así, nos permitieron ingresar, departimos un rato y luego nos encontramos de nuevo con mi hermana que estaba en la cabaña; hicimos una fogata a la orilla del mar, mientras tomábamos cerveza, cantábamos bajo la luz de la luna y nuestra cómplice... **las llamas de la fogata.**

En Pereira había quedado un amor y quería olvidarme de él, a como diera lugar; pero cuando entré a la cabaña había 40 llamadas perdidas de él y un mensaje de voz que decía, — ¿Sandra qué te hiciste, por qué te fuiste así? ¿Por qué no me entendiste?... el tono de su voz era muy diferente al de siempre, puedo asegurar que había llorado (o estaba llorando) eso me rompió el corazón. Volví a la fogata con mi amigo y los demás, bebí mucha cerveza, tanta que no recuerdo cuando entré a la cabaña, solo sé que ya eran las 8:00 am del domingo y nuestro viaje continuaba hacia la Ciudad de Cartagena. En 3 horas nos encontramos con mi padre quién nos esperaba ansioso, no lo veíamos hacia 2 años, pues él se encontraba en un retiro espiritual.

Lo recogimos y buscamos hotel en una playa hermosa, llamada "Boca grande", con el cielo más azul que jamás había visto y una brisa inigualable.

Recuerdo como si fuese ayer, ver a mi padre sentado en una enorme piedra a un lado de la playa comiendo sandía, recuerdo que esa sandía era muy roja. Él nos miraba con una inmensa alegría, amé compartir con él esos bellos momentos, yo seguía tomando cerveza como loca, le ofrecía y él se negaba, pero me permitía vivir esos momentos, yo me sentía segura, mi padre estaba ahí para cuidarme después de tantos años.

Continuamos el viaje hasta Barranquilla por la ruta al mar, que esplendor, que belleza, la brisa del mar en mi rostro y el paisaje... son maravillosos. Llegamos a santa Marta y al final de la tarde ya estábamos en el parque "Tayrona", el paraíso terrenal del que les hablé al inicio de este capítulo.

Hicimos Camping, mi padre disfrutaba del mar y de su maravilloso cielo azul, esa noche no dormimos, unas lluvias de estrellas fugaces nos visitaron (fueron nuestra compañía), mientras cantábamos con el alma, yo le cantaba a aquel hombre que estaba en Pereira sufriendo por mi viaje. Yo había decidido ir a ese viaje para olvidarme de él.

Ya era lunes y nos devolvimos, en el camino volvimos a dejar a mi padre en su lugar de retiro y llegamos a Pereira a la madrugada. Otra vez la realidad, otra vez la angustia.

Tres semanas después fui a visitar a mi ahijada Verónica en una finca en una hermosa montaña de Dosquebradas, desde allí se veía toda la ciudad, me encantaba ese lugar, salí al potrero donde había muchas vacas, el padre de Vero estaba ordeñando una de ellas y de inmediato me dieron nauseas... vomité.

La prueba de embarazo salió positiva... <u>estaba embarazada.</u>

****

Asimilar que estaba embarazada de mi segundo hijo no fue fácil, no estaba planeado, no lo esperaba. Empezaron las noches sin dormir mucho antes de que el niño naciera.

Había quedado embarazada esa noche, en el parque "Tayrona", en medio de cervezas y estrellas fugaces.

¿A cuántas mujeres les ha pasado que están esperando un bebé, pero, sin embargo, de repente, esa felicidad de tener a un ser en su vientre, esa felicidad de dar vida, se convierte en la más inexplicable tristeza profunda?

Una parte de mí se sentía aterrada, destruida, agobiada y la otra parte feliz por una vida en mi vientre.

—¿Cómo es posible, si siempre fui tan sensata, quedar embarazada así, de esa manera tan inesperada?

Me juzgué muy duro a mí misma por meses, creo que todo el embarazo.

El padre de mi hijo mayor me apoyó y estuvo muy pendiente, es un ser muy noble, un excelente ser humano.

Los meses pasaron y todos estaban pendientes de mí, me preguntaban por mi salud, me imagino que la gente se desconcertaba al verme, prácticamente destruida por dentro y por fuera, la depresión se apoderó de mi ser, de mi alma y de mi cuerpo, era la sensación más rara de toda mi vida, tanto que no lo quiero ni recordar.

Recuerdo que solo quería dormir, cuando despertaba volvía a cerrar los ojos y me obligaba a dormir; no quería pensar, no quería levantarme, ni bañarme y mucho menos salir.

Al quinto mes en la ecografía se vio que era niño, yo estaba feliz, aunque no era lo planeado, un niño es una bendición.

Quizá por mi forma de ser me he ganado el cariño y aprecio de las personas de una manera muy fácil siempre en todo lugar. Todo el mundo a mi alrededor estaba pendiente de Miguel, de mi embarazo y de mí.

En esa época tenía tiendas de artesanías llamadas "Makú" en Pereira y Salento, un hermoso pueblo del Quindío. Un pueblito pequeño muy turístico.

La tienda de Salento había sido mi sueño y ahora no quería saber nada de ella, no volví, no quería salir de casa, no sabía por qué no sentía ganas de nada, era lo más raro que me había pasado en la vida.

Siempre fui una mujer entusiasta, llena de vida y vitalidad, tenía ganas de todo, de coger el mundo con las 2 manos, muy inquieta y creativa, participaba activamente de las ferias y eventos de la cuidad con mi emprendimiento y estaba creciendo muy rápido con mi marca.

De repente sentí perderlo todo… incluso las ganas de vivir.

En un control del embarazo la doctora me envió a cita con el psicólogo y este me dijo que tenía depresión post parto, ¡vaya! yo no sabía que eso existía hasta ese momento, yo amaba a mi bebé profundamente y solo Dios sabe que jamás atenté contra su vida, jamás pensé en abortar, así se me cayera el mundo encima, siempre quise tenerlo, así mis fuerzas no fuesen las suficientes.

Me aferré a ese niño en mi vientre y le cantaba canciones de cuna a cada momento, mientras agarraba mi barriga con ternura.

Acostada no quería comer y mi madre me decía —tiene que comer por ese niño, le va a nacer desnutrido.

Fueron los 9 meses más largos de toda mi vida, acostada en la cama pensaba tantas cosas, que ahora ni se por qué las pensaba, era como miedo, susto, terror a la vida, como tristeza con desasosiego. Algo que no le deseo ni a mi peor enemigo.

Lo peor y más inexplicable era que no quería ver al papá del niño, sentir el olor de su perfume... me hacía vomitar, escuchar su voz me daba mareo, no lo podía ni ver.

Él me hablaba y yo lo evitaba; él no entendía por qué y se mostraba molesto, vivimos los dos un infierno, creo que él también llegó a odiarme en medio de nuestra inmadurez.

Me fui a vivir con mi madre, el resto del embarazo para esperar el nacimiento de mi bebé.

El papá del niño se alejó, me dijo: —Por el bien del niño y de nosotros dos, no voy a volver, cuando nazca el niño me avisa. Aunque era difícil de asimilar, yo pensé que era lo mejor para todos.

Así pasaron los meses, cerramos el almacén de Salento y les vendimos las cosas a los artesanos por ahí cerca, no me importaba nada.

Llame a Rubén el papá del niño, para decirle que me habían programado parto por cesárea, ya que el niño estaba en posición podálica, desde ese momento estuvo muy pendiente de nosotros.

Aquí hay algunas recomendaciones para llevar un embarazo con depresión:

Llevar un embarazo cuando se padece depresión puede ser un desafío, pero es importante cuidar tanto de la salud mental como de la física durante este período.

<u>Comunicación con el profesional de salud</u>: Informa a tu médico o profesional de salud mental sobre tu condición de depresión desde el principio del embarazo. Esto les permitirá brindarte el apoyo y la atención adecuados.

<u>Terapia</u>: La terapia psicológica, como la terapia cognitivo-conductual, puede ser una parte importante del tratamiento de la depresión durante el embarazo. Habla con un terapeuta especializado en salud materna si es posible.

<u>Medicamentos</u>: Si ya estabas tomando medicamentos antidepresivos antes del embarazo, consulta con tu médico sobre los riesgos y beneficios de continuar o ajustar tu tratamiento. Algunos medicamentos pueden ser seguros durante el embarazo, mientras que otros pueden requerir cambios o ser suspendidos bajo supervisión médica.

<u>Red de apoyo</u>: Mantén una red de apoyo sólida. Habla con amigos y familiares sobre tu depresión y cómo pueden ayudarte durante el embarazo y después del parto.

<u>Estilo de vida saludable</u>: Intenta mantener un estilo de vida saludable. Esto incluye una dieta equilibrada, ejercicio regular (siempre con la aprobación de tu médico), descanso adecuado y técnicas de manejo del estrés como la meditación o el yoga.

<u>Educación</u>: Aprende sobre la depresión posparto y los síntomas a los que debes prestar atención después del parto. Esto te ayudará a buscar ayuda rápidamente si es necesario.

<u>Apoyo emocional</u>: No dudes en buscar apoyo emocional adicional si es necesario, ya sea de grupos de apoyo para mujeres embarazadas o de un consejero de salud mental especializado en el período perinatal.

<u>Comunicación con tu pareja</u>: Habla abiertamente con tu pareja sobre tu depresión y cómo pueden apoyarse mutuamente durante el embarazo y después del parto.

Recuerda que es fundamental buscar atención médica; como también, de salud mental adecuada y seguir el plan de tratamiento que te recomiende tu profesional de salud. El embarazo y el período posparto pueden ser momentos emocionalmente desafiantes, pero con el apoyo adecuado, muchas mujeres con depresión pueden tener embarazos saludables y experiencias de parto positivas.

En mi caso lastimosamente, ni yo misma sabía lo que me estaba ocurriendo, no quise continuar con las visitas al psicólogo, mi pareja no tenía ni idea de lo que me estaba pasando y mucho menos mis familiares y amigos…

… "Yo simplemente me aislé"

Y si pudiese devolver el tiempo hubiese deseado que alguien me regalara un libro como este para no sentir que era la única en el mundo que me estaba sintiendo así, para no sentirme sola y para poder entender desde la experiencia de otra persona lo que estaba sintiendo.

"Mi depresión había empezado muchos meses antes de quedar embarazada"

En ese momento en que la prueba salió positiva, sentí una lluvia de emociones, era una mezcla de alegría y miedo.

Y con los días seguía sintiendo lo mismo, era un profundo amor por mi bebé, acompañado de una tristeza inexplicable, así viví todo mi embarazo.

Depresión...
¡Te vencí!
"No hubo tiempo para la tristeza"

"La **depresión perinatal** es un trastorno del estado de ánimo que puede afectar a las mujeres durante el embarazo y después del parto. La palabra "perinatal" se refiere al tiempo **antes** y **después** del nacimiento de un bebé"

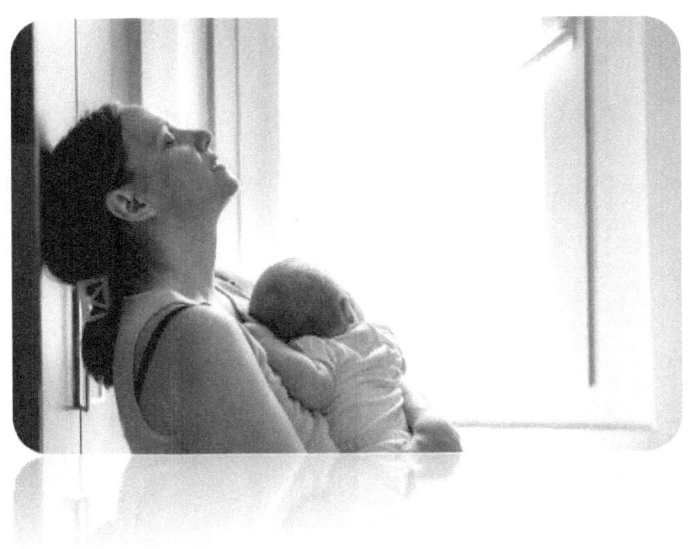

Depresión...
¡Te vencí!
"No hubo tiempo para la tristeza"

CAPÍTULO 3
¡VENCÍ!... A LA DEPRESIÓN

Solo sabía que amaba el bebé, así que decidí que si era niño le pondría Daniel, el nombre de un novio que tuve en tercero de primaria en la escuelita de Huertas, lo recordaba por enviarme chicles y cartas con mi prima Elizabeth; si era niña le pondría Sara, por un libro que había leído hacía poco y me encantaba la historia.

Los días pasaron y Rubén me pidió ser novios, me propuso matrimonio, así empezaron los preparativos del mismo.

Yo estaba asustada, no sabía nada, empecé a sentirme muy mal y desorientada, me imagino que, a raíz de mi situación, seguía con los episodios de tristeza más profunda y más aterradora del mundo sin saber por qué.

Él, mi amigo, era ya mi prometido, en poco tiempo me había conquistado, con sus desenfrenadas locuras y forma de ver la vida, no le veía problema a nada, a todo percibía lo positivo y eso me encantaba.

Quizá en esos momentos en los cuales yo no le veía sentido a la vida, él me mostraba otro mundo.

Empezamos el cursillo, ese día el padre dijo cosas que me confundieron mucho y nos puso la película "A prueba de fuego", al salir de ahí yo sentí que no debía casarme y al otro día le dije a él lo que sentía, explicándole que no podía casarme, que lo pensáramos bien.

Todos nuestros amigos en común ya tenían las invitaciones y empezó el difícil proceso de llamar a cancelar la boda.

Mi vestido era blanco y hermoso, con encajes tipo corcel, lo estaba confeccionando una diseñadora de Pereira, confieso que al principio estaba muy ilusionada con el vestido, fuimos a ver varios con una amiga y mi hermana, me medí unos cuantos, y decidí mandarlo a hacer a mi gusto, después que empecé a sentirme mal, no quise volver a ver el vestido jamás. Yo sabía que el traje de Rubén se lo estaba haciendo un amigo diseñador de él.

Sin embargo, yo me sentía muy confundida, era lo peor sentirme así, no sabía qué hacer, tenía tanto miedo al qué dirán, al qué pensarán los demás, mi familia y allegados, la familia de él y por supuesto él.

Por esos días, estuve alejada por completo del mundo entero, no quería nada de nada, me sentía despreciable y avergonzada.

Me sentía digna de nada…

Mi mayor motivación fue Miguel, mi hermoso hijo mayor y mi primer gran amor verdadero, Miguel es mi vida entera y en ese momento con 13 meses de edad era realmente mi todo, me aferré a él, a su sonrisa, a sus palabritas llenas de amor y a pesar de todo contaba con el apoyo de Andrés su padre, un hombre sin igual, misterioso, poeta, aventurero; con Andrés había durado 8 años, 6 de novios, el tiempo del embarazo y poco después del nacimiento del niño.

Es un hombre que siempre me ha apoyado en todas mis locuras, al igual que su familia: Andrea, Mauricio y Tesoro, siempre me han apoyado también, tengo mucho, mucho que agradecerles, bendigo que sean la familia de mi hijo. Andrés y yo nos dimos cuenta de lo diferentes que éramos y que si en algo coincidíamos era en el gran amor por Miguel.

Mientras vivía cada episodio de mi vida, cada día me sentía más y más deprimida, era sensaciones inexplicables.

"Me sentía sumida en una tristeza inexplicable"

Sandra M. Ramírez Hernández. Depresión… ¡te Vencí!

××*×*×*×*×*×*************

Así pasaron los días, las largas noches y los meses, y nació Daniel, mi segundo gran amor.

Se llegó el día de ir a la clínica para el parto, el niño nunca se acomodó y nació por cesárea.

Yo vi todo el parto, eran dos médicos que conversaban de sus cosas personales mientras hacían el procedimiento, yo no sentí nada y de repente lloró mi niño.

Fue muy distinto a mi primer parto con Miguelito, casi muero, estaba en casa y me dieron unas contracciones terribles, llegamos a la clínica y mi dolor era tan fuerte que gritaba duro, el grito era inevitable, un grito de dolor profundo e intenso, tanto que perdí el sentido por unos minutos; cuando desperté ya estaba dando a luz y el doctor decía: — ¡puje, puje que se nos va!... sacué fuerzas de donde no tenia y escuché su llanto, la enfermera lo levantó; yo casi sin fuerzas lo miré y sentí tanta felicidad, el dolor había valido la pena, era blanco y muy peludo; la enfermera lo vistió, lo puso en mi pecho, de ahí nos llevaron a una habitación y quedamos profundamente dormidos hasta el otro día. Cuando desperté, su padre estaba acostado en el piso, dormido. En esas llegó mi hermana Diana, la abuela del niño Tesoro, mis tías y para la casita, al llegar nos esperaba mi madre y hermanas con un aviso que decía… "Bienvenido Miguel".

****

La enfermera me pasó el niño y lo vi tan hermoso, sentí tanto amor y tanta ternura, lo tuve un momento conmigo y la enfermera salió con el niño a la sala de espera y dijo —familiar de Sandra Ramírez… estaban ahí mi madre, su padre lo recibió en sus brazos y él después me contó que cuando lo recibió sintió que tenían la misma sangre.

Nos fuimos a casa al otro día y estaban mis hermanos y madre esperándonos con otro aviso… "Bienvenido Daniel".

A pesar de la alegría por el niño, sentía muy dentro de mí una gran tristeza, volví a acudir al psicólogo, en ese momento yo no le conté a ese psicólogo que yo venía así muchos meses antes de quedar embarazada. El psicólogo me dijo que tranquila que esas sensaciones que estaba experimentando era normal, por mi depresión post parto. Y yo sabía que no era solo una "depresión post parto".

No volví a mis almacenes que ese entonces eran 3, cerré el del centro comercial "Bolívar Plaza" en Pereira y uno de la vía a la circunvalar.

Estoy segura que de no ser por la depresión no los hubiese cerrado, estaba vendiendo mucho y, como mencioné antes, la marca ya era muy reconocida; seguía encerrada, sin verle sentido a nada… aferrada a mis dos niños. Meses después puse el otro almacén en venta y "Makú" desapareció del comercio.

****

El psicólogo, (sin desmeritar) me había dado muchas indicaciones para salir de ese estado, pero aún no lo lograba.

Cuando Daniel cumplió sus primeros 6 meses yo supe que algo que le pasaba, no estaba creciendo normal, lo llevé al pediatra y me dijo:

—Tranquila, esas mamas de ahora en día se asustan tan fácil, eso no es nada, es normal.

Yo sabía cómo había sido el crecimiento de Miguel, presentía que algo malo estaba pasando, envié un derecho de petición, para pedir una segunda opinión de otro pediatra, el cual le envió muchos estudios al niño y exámenes costosos que la EPS no cubría. Afronté todos esos gastos de medicina para el niño, diagnosticado con "déficit de hormona de crecimiento".

"Le sumaba esto a mi depresión"

Había vendido el carro para pagar a proveedores y para pagar una numerosa suma de dinero en un centro comercial, ya que este me había cobrado una multa por entregar el local, supuestamente sin cumplir contrato, en medio de mi depresión, olvidé revisar el contrato dónde decía, que para entregar el inmueble debía avisar por carta con dos meses de anticipación y lo hice sobre el tiempo; por más que se lo expliqué a la encargada no me comprendió y cobró la multa.

Eso me pareció tan injusto y fue un motivo más para apuñalar mi depresión.

No tenía nada, lo había perdido todo económicamente en un par de meses, ni apartamento, ni carro, ni almacenes… ya no tenía ni un peso.

Volví a vivir a casa de mi madre, en una habitación con los dos niños, no tenía comida, para ese momento el padre de Daniel se había ido del país y solo contaba con la ayuda del padre de Miguel (que no era mucha porque estaba sin empleo).

Sentía que la vida estaba en contra mía.

— ¿Dios se ha olvidado de mí, pero… ¿por qué?

Me hacía estas preguntas a cada momento.

Lideraba la "Fundación proyecto Mandala", de la cual soy fundadora desde el 2010, era yo quien les daba charlas de motivación, de liderazgo y amor propio.

En ese momento dejé la fundación a un lado, porque era yo quien necesitaba motivación, era yo quien necesitaba amor propio, quien necesitaba tener ganas de vivir, <u>porque ya no quería la vida a causa de la depresión</u>.

Hoy recuerdo todo eso y se me vienen las lágrimas, pues no le deseo a nadie vivir momentos así y menos de una manera tan inexplicable.

Cómo es posible que de un momento a otro se te quiten las ganas de todo, que no quieras comer, ver la luz del día, que no quieras escuchar tu música favorita.

Recuerdo que una mañana me quedé viendo todos mis tacones y los metí en una bolsa para echarlos a la basura, yo no sé quién de mis hermanas los volvió a poner en el armario (luego lo agradecí).

Uno de esos días estaba sola en casa, los niños estaban de fin de semana donde sus padres **(lo recuerdo como si fuese ayer)**, en el patio había un veneno, lo serví en un vaso, ya me lo iba a tomar cuando tocaron la puerta… ¡quedé estática! y tocaron de nuevo.

Recuerdo que reaccioné, boté el veneno por el sifón del lavadero y fui a ver quién era… **no había nadie.**

¡**Dios mío**! ¿Hasta dónde había llegado?

¡Intenté quitarme la vida!

En ese momento sentí la presencia de mi Dios amado, me arrodillé a pedirle perdón llorando, de la vergüenza con mi Padre celestial.

Me sentí tan avergonzada con él.

Le agradecí por salvarme la vida. De inmediato me bañé, me puse mi mejor ropa y salí a caminar. En el camino llamé a un amigo que siempre estuvo muy pendiente de mí en ese entonces; Cesar era estudiante de Economía, yo lo comparaba con un filósofo por su manera de hablar y expresarse, un hombre muy culto, con modales muy finos y una postura frente a la vida muy enfocada a la realidad.

Él me recogió y fuimos a un mirador, le conté lo que había intentado hacer, recuerdo que me abrazó y me dijo:

—**Tranquila todo va a estar bien.**

Cesar nunca me juzgó; por el contrario, era mi confidente, me aconsejaba y hoy le doy las gracias porque en ese momento fue mi polo a tierra, cuando me sentía más sola que nunca.

Al regresar a casa recogí los niños.

En medio de mi peor tormenta mental me llamó Jorge Mario López, (director del Instituto Técnico American Business School en Pereira), yo había estudiado allá, me gradué con honores; así que él me propuso orientar una cátedra de mercadeo, para remplazar unas horas a una docente. Yo sin pensarlo dos veces le dije que ¡sí! Empecé las clases muy entusiasmada.

Me enamoré de la docencia, me atrevo a asegurar que en gran parte esa fue mi terapia, rodearme a diario de los estudiantes llenos de alegría, de ganas de vivir, de crecer, de aprender, ese mundo me atrapó.

Recuerdo que comencé a verle sentido a todo, me quedaba hasta tarde preparando la catedra y al otro día me arreglaba, **saqué de nuevo mis tacones** para ir a clase, la motivación fue llegando y a sonreír de nuevo; ya tenía ingresos, retomé de nuevo las ventas, hablé con mi madre agradeciéndole por todo y me fui a pagar arrendo en un apartamento muy bonito con los niños.

Depresión...
¡Te vencí!
"No hubo tiempo para la tristeza"

"Amo y he amado a mis hijos, más que nada en este mundo y es por ellos que hoy soy la mujer que soy"

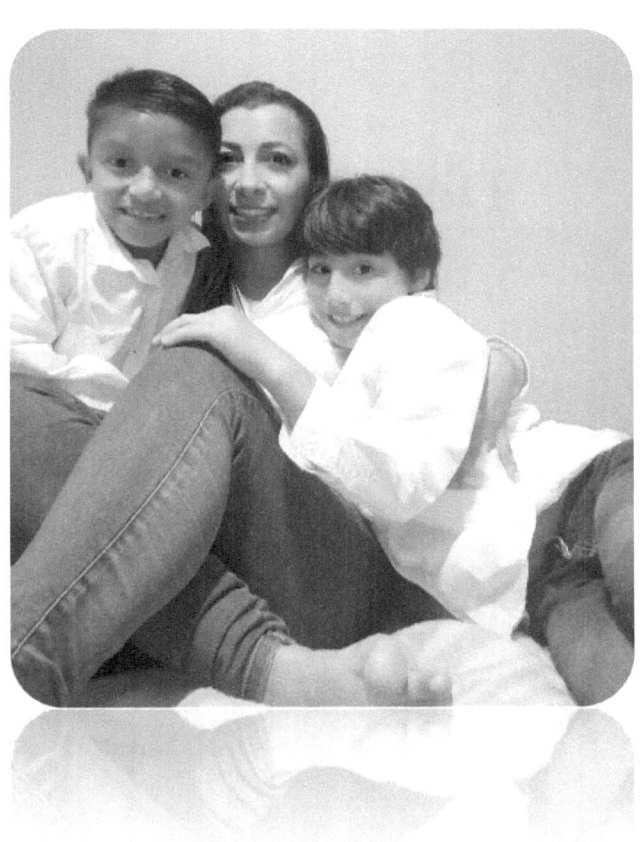

Depresión...
¡Te vencí!
"No hubo tiempo para la tristeza"

Depresión...
¡Te vencí!
"No hubo tiempo para la tristeza"

CAPITULO 4
¿QUÉ ES LA DEPRESIÓN?

Con el corazón lleno de felicidad, doy las gracias a Dios por la maravillosa oportunidad que me dio, para sanar todas mis heridas y poder vivir desde el **amor**; agradezco a Sandra, mi bella amiga, quien me permitió compartir estas páginas con todos los lectores de este bello trabajo.

La depresión es un tema muy extenso, a lo largo de los años se han ido identificando nuevos conceptos y significados. Pero desde mi propia experiencia les quiero compartir, lo que para mí significa y cómo podemos auto ayudarnos para auto sanarnos.

La depresión es considerada por muchos especialistas como una enfermedad, y si hoy podemos comprender, a través de estas líneas que lo que pensamos y luego sentimos ¡nos enferma!, entonces podemos decir que sí lo es. Ya que los seres humanos somos seres sintientes, debemos observar cómo nos hacen **sentir** las diferentes experiencias (mal llamadas negativas), que vivimos a lo largo de nuestras vidas, y digo "mal llamadas", porque aquellas experiencias que vivimos como: la pérdida de un ser querido, una ruptura amorosa, dificultades financieras, etc.; son elegidas para que podamos evolucionar en la tierra, primero vivirlas, trascenderlas para luego enseñarle a otros como hacerlo.

Cuando la depresión se presenta en nuestra vida, es porque ya llevamos mucho tiempo acumulando una gran **tristeza**, debido a que desde niños no nos enseñaron a gestionar correctamente esa tristeza, y no, porque nuestros padres o cuidadores, no nos quisieran enseñar, sino porque ellos tampoco sabían hacerlo; por el contrario, ellos también aprendieron lo mismo de sus padres y/o cuidadores y así sucesivamente hasta nuestros antepasados.

Sentir tristeza, es tan sano como sentir alegría, si no sintiéramos esa tristeza, sería muy difícil para nosotros identificar cuando estamos alegres y felices, porque no tendríamos al otro lado ese polo energético para compararlo. Por lo tanto, la tristeza hace parte de nuestro diario vivir.

Podemos sentir tristeza por un mal día en el trabajo, por no conseguir un objetivo o alcanzar una meta propuesta, por no obtener algo material que queríamos, por una pérdida, ya sea por muerte o separación, etc. en todos los casos, la sensación es de **pérdida o ausencia de algo**, esto nos hace activar el sentimiento que llamamos "tristeza".

¿Pero qué pasa, cuando no sabemos gestionar correctamente esa tristeza?... Nos vamos a sentir unas emociones llamadas ¡de rebusque! y aquí nos encontramos con la **DEPRESIÓN**.

La depresión es la acumulación de una tristeza... y otra... y otra; las cuales van formando capas en nuestra mente subconsciente, nos van dejando sin salida, y en estados tan depresivos, es que muchas personas optan por dejar de vivir, pues su mente no encuentra ninguna solución posible para dicho sentimiento.

Cuando pasé por un divorcio, después de 19 años de compartir mi vida con esa persona, entré en un estado muy grave de depresión, y aunque conscientemente no intenté quitarme la vida, sentía que nada tenía una razón de ser, me daba igual si era de día o de noche, mi cuerpo no respondía para realizar ninguna actividad, ni siquiera comer; el cuerpo se siente sin energía, esa energía vital que necesitamos día a día para tomar acción, perdemos completamente la alegría y el entusiasmo para vivir.

Para **Auto Sanar la depresión**, es importante y muy necesario que aprendas a escuchar tu cuerpo, que le permitas expresar esa tristeza, la cual es muy posiblemente, vienes acumulando desde niño o niña. Para hacer esto puedes comenzar con repasar tu historia e identificar que situaciones has vivido, las que te han causado mucha tristeza, luego puedes tomar lápiz, papel, para escribirte cartas, dejando sentir todo lo el cuerpo quiera hacer, muchas veces quiere llorar, gritar, o moverse, permítele expresarse, y recuerda que (como todo en la vida), esto también es un proceso, así que ten mucha paciencia contigo.

Recuerda que estás en una emoción de "rebusque", así que tendrás que ir sacando capa por capa, aunque el proceso puede ser muy doloroso, pero saldrás victorioso, podrás descubrir que solo tú, tienes el poder para Auto sanarte y salir de la depresión.

Si no puedes hacerlo solo, **Busca Ayuda** sin dudarlo, te darás cuenta que muchas personas están dispuestas a ayudarte.

Eres un alma VALIENTE, porque decidiste estar aquí, viviendo esta experiencia humana, yo creo en ti.

Te amo.

Olga Lucia Tamayo Salazar
Terapeuta en Sanación Emocional

Depresión...
¡Te vencí!
"No hubo tiempo para la tristeza"

"El carácter no se puede desarrollar con facilidad y tranquilidad. Solo a través de experiencias de prueba y sufrimiento, puede el alma ser fortalecida, la ambición inspirada y el éxito conseguido"

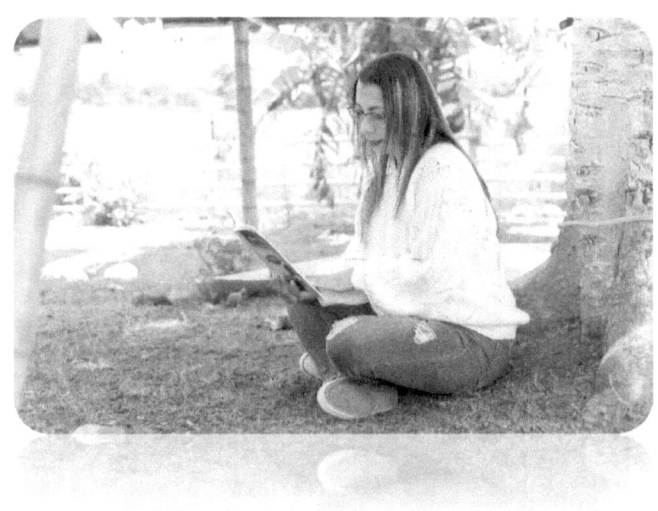

Depresión...
¡Te vencí!
"No hubo tiempo para la tristeza"

Depresión...
¡Te vencí!
"No hubo tiempo para la tristeza"

CAPÍTULO 5

A LOS 15 AÑOS

Llegué a mi casa desesperada, no sabía qué hacer, como decirle a mi madre lo que había pasado, estaba llorando, angustiada, tenía mucho miedo. Temblando entré a la cocina, mi madre estaba de espaldas, entre dientes le dije: — ¡Ma...! tengo que decirle algo, me voy de la casa.

Ella se volteó sorprendida, con cara de enojo...

- — ¿Que está diciendo?
- — ¡Sí ma!, me tengo que ir, pero no le puedo decir por qué. (Solté en llanto).

No pude parar de llora mientras ella me abrazó, tenía solo 15 años y aunque ya estaba empezando a descubrir el mundo, era muy ingenua. Aun no sabía mucho de la maldad del hombre.

En la puerta me estaba esperando Juan Carlos, mi novio de esa época (mayor que yo), muy atractivo y unos ojos verdes hermosos; con un carácter alegre y espontáneo, le sacaba chiste a todo y me respetaba mucho.

Él ya sabía todo, fue el primero en saberlo y a la vez su madre.

Después de que llegué de llevar a mi hermanita menor a una cita con el oculista (pues mi madre me había pedido llevarla), el papá de mi hermanita nos llevaba en una moto, senté a mi hermanita en el medio y arrancó.

En el camino se detuvo y empezó a decirme las cosas más inexplicables del mundo:

—Milena, usted está muy bonita, usted me gusta mucho, yo quiero acostarme con usted, yo le doy plata cada que quiera, ropa bonita, lo que me pida, piénselo bien… pero no le vaya a decir a su mamá nada de esto que le estoy diciendo, porque si su mamá se da cuenta me deja. ¿Ella cómo va a quedar sola por ahí con 5 hijos?... no puede trabajar por cuidarlos, se van a morir de hambre y eso sería culpa suya por contarle.

Él arrancó de nuevo la moto, mientras yo sentía como por mis mejillas rodaban lágrimas (me daba tanto miedo); no sabía qué hacer, pensaba qué iba a hacer cuando llegara a la casa y lloraba también por pensar en mi madre, el ogro con el que vivía… ¡sentía mucho desprecio!

Apenas llegamos a la casa yo entré a mi hermana, no dejé que mi madre me viera así llorando, salí corriendo y fui a la casa de mi novio, quien vivía unas cuadras más abajo.

Afortunadamente él estaba allí, pues en esa época no había celulares, ni nada así para yo comunicarme con él.

Llorando le conté lo sucedido, recuerdo verlo con tanto enojo, él quería ir a pegarle y reclamarle, pero yo le manifesté la amenaza y el miedo que tenía por mi madre.

Le contamos a la madre de él lo sucedido, a doña Ofelia, ella es la señora más bonita que he conocido en mi vida, muy elegante y culta.

Pude ver en su rostro mientras escuchaba mi relato, la cara de preocupación y enojo también; dijo que le contáramos la verdad a mi mamá, que si ella no hacía nada, me ofrecía su casa para que yo fuese a vivir ahí, que incluso ella me daba los pasajes para ir a estudiar (yo estaba terminando el bachillerato los sábados en un instituto).

Mi novio le dijo a mi mamá que había pasado algo muy grave, que yo me tenía que ir de ahí, mi madre dijo:

— La embarazó, ¿es eso?

Y se enojó con Juan Carlos. Ahí nos tocó decirle la verdad.

Yo empecé a contarle todo lo sucedido en medio del llanto, la pena y el dolor. Ella asumió un carácter sumiso y me abrazó, lloramos las dos sumidas en un abrazo prolongado.

Juan Carlos le manifestó que la mamá de él se había ofrecido recibirme en su casa; pero mi madre se negó, ya eran casi la noche.
Ella llamó a mis tías que vivían en la misma ciudad y les contó, empaqué mi ropa y en un taxi llegamos donde mis tías; desde ese día hasta el sol de hoy, empezó mi dura historia.

****

Mis tías me recibieron muy bien, me dieron comida, me mostraron la cama donde dormiría y el cajón para guardar mi ropa.

Me acosté muy triste, me sentía sola, abandonada.

Pasaron los días y con ellos mi soledad aumentaba, no comprendía porque mi madre había preferido llevarme a donde mis tías, que dejarlo a él.
Lloraba con mucha frecuencia a escondidas de ellas, mi tía Dorita y mi Tía Asenito (bellas mis tías), aunque me brindaron su casa y su abrigo, yo extrañaba a mamá, sus caldos de pollo, sus regaños y… **simplemente su voz.**

Mamá y yo habíamos estado separadas antes, mis padres se habían separado cuando yo tenía 6 años, recuerdo que ese día mi padre nos sentó a mis tres hermanos y a mí en un sillón, al otro lado él estaba sentado en un colchón enrollado, el colchón era de rayas y tenía un pequeño agujero en un costado, amarrado por la mitad con una cabuya.

Nos entregó a cada uno un pañuelo y nos dijo entre lágrimas:

— Su mamá y yo nos vamos a separar, no nos comprendimos y yo me voy; voy a seguir pendiente de ustedes, no les va a faltar nada.

Sandra M. Ramírez Hernández.   Depresión… ¡te Vencí!

Mis 2 hermanos y yo nos tiramos en sus brazos y empezamos a llorar. Soy la mayor, me sigue Nicolás y la menor Diana; Nicolás muy mimado ni pronunciaba bien las palabras, Diana muy inquieta y juguetona.

Papá se fue ese día y me imagino que por ser la mayor comprendía más lo que pasaba, me escondí detrás de un armario a llorar mientras ellos seguían jugando, aquel día lo recuerdo como si fuese ayer.

A veces pienso que mi vida está llena de momentos y días amargos.

Así pasó el tiempo, mamá se fue a vivir con ese señor (si es que se puede llamar así). Nacieron mis hermanas Jenny y Ángela, muy lindas, nos llenaron de alegría a pesar de todo. Mi madre se iba a trabajar arreglando apartamentos por días y me dejaba cuidándolas a ellas.
Confieso que les hice varias maldades (risas).

Así pasaron los años. Cumplí 12 años, sentía que era una niña muy muy feliz, mamá hacía arepas para vender por grandes cantidades a restaurantes, yo madrugaba a ayudarle, moler maíz antes de irme al colegio, pero lo hacía feliz, porque mamá ponía música romántica duro, nos daba agua panela caliente con pan y a veces nos comíamos las arepas que se quemaban con mantequilla y sal. Mamá nos hacía reír mucho porque cada que se quemaba una arepa la tiraba para el cafetal y eso nos parecía muy gracioso.
Mamá siempre ha sido muy muy alegre (y maldadosa), se ríe a carcajadas con mucha facilidad, le encanta hacer maldades, esconderse y hacer bromas.

Mis hermanos y yo íbamos cada 8 días a pasar el fin de semana con papá, también era muy divertido, él tenía un puesto de frutas en la ciudad y nos íbamos los sábados en la tarde a ayudarle; los domingos nos llevaba al aeropuerto a ver volar los aviones mientras comíamos dulces o helado.

A veces mamá también nos llevaba a un centro comercial muy grande que se llama "Fiducentro", lo recuerdo muy lleno de enormes pasillos tipo laberinto y recorríamos todo chupando bombón… ¡muy felices!

Apenas cumplí 12 años, empecé a notar que ese señor con el que vivía mamá, era tirano, le conté a papá, así que me fui a vivir con él.

Mamá aceptó, papá vivía en la habitación de una casa grande en el centro de Pereira, casa de una doctora del seguro social; la habitación era en un cuarto piso, con baño y cocina privado ahí mismo dentro, fue ahí donde me ocurrió la peor desgracia en esta vida.

****

Existen varios tipos de depresión, cada uno con sus propias características y desencadenantes. Algunos de los tipos más comunes de depresión incluyen:

➤ Depresión mayor: También conocida como trastorno depresivo mayor o depresión clínica, es la forma más común de depresión. Se caracteriza por una tristeza profunda y persistente, pérdida de interés o placer en actividades, y una variedad de síntomas físicos y emocionales.

➤ Trastorno distímico: Se trata de una forma crónica y menos intensa de depresión que dura al menos dos años. Los síntomas son más leves que en la depresión mayor, pero pueden afectar significativamente la calidad de vida.

➤ Depresión atípica: Este tipo de depresión se caracteriza por síntomas que son atípicos en comparación con la depresión mayor. Puede incluir un aumento del apetito, aumento de peso, somnolencia excesiva y sensibilidad a la reacción de otras personas.

➤ Trastorno afectivo estacional (TAE): La depresión estacional se produce en ciertas estaciones del año, generalmente durante el otoño e invierno, y se asocia con la falta de luz solar. Los síntomas suelen mejorar en primavera y verano.

- ➤ Trastorno bipolar: Aunque se caracteriza principalmente por episodios de manía o hipomanía, las personas con trastorno bipolar también pueden experimentar episodios de depresión. La depresión en el trastorno bipolar se llama "episodio depresivo bipolar".

- ➤ Trastorno disfórico premenstrual (TDPM): Este tipo de depresión afecta a algunas mujeres durante el período premenstrual. Los síntomas son similares a los de la depresión mayor.

- ➤ Depresión posparto: Afecta a algunas mujeres después del parto y se caracteriza por síntomas de depresión que pueden incluir tristeza, fatiga, cambios en el apetito y dificultades para dormir.

- ➤ Depresión reactiva: Se desarrolla en respuesta a un evento estresante o traumático, como la pérdida de un ser querido, un trauma o una ruptura de relaciones.

- ➤ Depresión psicótica: En esta forma de depresión, los síntomas incluyen alucinaciones y delirios, lo que significa que la persona puede experimentar percepciones y creencias falsas.

Es importante señalar que estas categorías no son mutuamente excluyentes, y una persona puede experimentar más de un tipo de depresión a lo largo de su vida. El diagnóstico preciso y el tratamiento adecuado son esenciales para abordar cada tipo de depresión de manera efectiva. Si crees que podrías estar experimentando depresión, te recomiendo buscar ayuda de un profesional de la salud mental para un diagnóstico y tratamiento adecuados.

En mi caso según mi Psicólogo de ese tiempo, estaba enfrentando una depresión reactiva, también conocida como trastorno depresivo reactivo, es un tipo de depresión que se desencadena en respuesta a un evento o situación estresante en la vida de una persona. A diferencia de la depresión mayor, que puede surgir sin una causa aparente, la depresión reactiva está vinculada directamente a un factor desencadenante externo o situación estresante.

Los eventos que pueden desencadenar una depresión reactiva varían ampliamente, en mi caso era un suceso traumático de la adolescencia.

Los síntomas de la depresión reactiva son similares a los de la depresión mayor e incluyen sentimientos persistentes de tristeza, falta de interés en actividades que antes resultaban placenteras, cambios en el apetito o el peso, dificultades para dormir, fatiga, dificultades para concentrarse, sentimientos de inutilidad o culpa, y pensamientos de autocrítica o incluso de suicidio.

El tratamiento de la depresión reactiva generalmente implica terapia psicológica, como la terapia cognitivo-conductual, para ayudar a la persona a enfrentar y procesar los eventos estresantes y aprender a manejar sus emociones. En algunos casos, se pueden recetar medicamentos antidepresivos si el profesional de la salud mental lo considera necesario.

Es importante buscar ayuda profesional si experimentas síntomas de depresión reactiva, ya que el tratamiento adecuado puede ser fundamental para ayudarte a superar la situación estresante y recuperar tu bienestar emocional.

Depresión...
¡Te vencí!
"No hubo tiempo para la tristeza"

Depresión...
¡Te vencí!
"No hubo tiempo para la tristeza"

CAPÍTULO 6
MANEJO DE LAS EMOCIONES

Las emociones son un privilegio para nuestra vida, debemos amarlas y conocerlas, ya que el sentir las emociones nos dice que... **¡estamos con vida!**, en ciertas ocasiones y dependiendo del ángulo que las analicemos. Hay personas que consideran desde su cultura, desde sus creencias, que las emociones son malas, que solo se hicieron para sufrir, no para disfrutar la vida... erróneamente se considera que estás deben sanarse; pero hoy te digo, el día que dejemos de sentir emociones quizás estemos fuera de este plano terrenal o con una grave enfermedad que no nos permitirá sentir, espero que esto no te pase.

Hoy te invito a revisar tus heridas del pasado, aquellos conflictos de una infancia, de una ex pareja, de una familia, amigos, personas, que quizás te mostraron algo que percibes como negativo, que tal vez lo incorporaste a tu personalidad, haciendo que intérpretes las emociones como negativo; pero quizás pienses que ciertas emociones son malas, hoy te confirmo que no son malas, todas las emociones son buenas, estás solo te indican, como un medidor, sobre tu interpretación y percepción ante un hecho, ante un pensamiento o lo que existe en tu ser, entonces te preguntarás... ¿cómo hago para dejar de sentir tristeza, rabia, culpa, etc.?

Mi recomendación es no negar tus emociones, por el contrario... **¡conócete!**, gestiona con esta pregunta ¿qué te está mostrando esa emoción en ese momento? Si quieres transformar el resultado de tu emoción ante un hecho, lo que debes transformar o modificar es la fuente que está generando aquella emoción que no quieres sentir más, ya que como lo manifiesto a través de este escrito, las emociones son una reacción química que genera nuestro cuerpo, a través de la interpretación que llega a nuestra mente, generando una manifestación emocional; o sea, "las emociones son un reflejo o un resultado final de nuestra proceso interpretativo", para ello tengo una fórmula matemática o también lo puedes llamar ecuación: **Realidad emocional = Hechos + Interpretaciones**.

Si queremos transformar nuestra realidad, debemos reestructurar la interpretación, ya que, está se basa o se forma de acuerdo a las experiencias, aprendizajes, heridas sanadas y no sanadas, desde lo que conocemos o no conocemos, desde los miedos, carencias, virtudes, cualidades; para ello también es importante salir de la zona de confort, obligarte a salir de tu razón o ego, para desaprender y volver a aprender; para ello te invito a leer libros sobre Inteligencia Emocional, aplicando estilos de vida saludable, entre los estilos que te puedo mencionar son: Ir al médico de forma periódica, realizar deporte, participar en actividades de recreación y ocio saludable, alimentación adecuada y balanceada, actitud mental positiva, más el poder de la palabra que construye y transforma, sanar heridas del pasado, higiene del sueño, respetar las normas de convivencia a nivel laboral, familiares, social, de pareja, etc.

Otro estilo de vida es el agradecimiento, sin ser conformistas o resignados Hoy te invito a qué recibas estás emociones con agradecimiento, con aprendizaje, con todo tu amor, con tu merecimiento; permítete sentir cada rincón con las emociones, respira cada vez que las sientas… respira y todo pasará. Si te sientes turbado o turbada por esta reacción química, recuerda que es temporal y pasajero, te invito a qué no tomes decisiones apresuradas, respira, acepta la emoción, disfruta este momento de ser humano.

Ya para finalizar te voy a brindar una recomendación cuando sientas afectado la interpretación de una emoción… Lo que estoy viviendo ¿es un problema o lo estoy creando?, si en vez de juzgar lo que siento me detengo a percibir lo que siento, ¿qué pasaría?, ¿qué hay detrás de esta emoción?, ¿qué pasaría si decido dejar de controlar las cosas o quererlas cambiar?, ¿la decisión que voy a tomar es fruto de la emoción o de mi razón?, ¿qué pasaría si tomo esta decisión con la razón?, ¿cómo me estoy sintiendo?, ¿qué puedo soltar? ¿Qué consecuencias trae tomar decisiones basados en la emoción? ... ¡No te castigues más!, ante una emoción: reconoce, asimila, comprende y regula; eres amor, eres fuente inagotable... **¡disfruta el estar vivo a través de las emociones!**

Por Jairo Adrián Ramos Agudelo
Psicólogo y Coach

Depresión…
¡Te vencí!
"No hubo tiempo para la tristeza"

Depresión...
¡Te vencí!
"No hubo tiempo para la tristeza"

CAPÍTULO 7
VOLVER A EMPEZAR

Buenas tardes, soy Sandra Ramírez, Directora Ejecutiva de la "Fundación Mujer Mandala", hoy les voy a contar como logré vencer la depresión y ser la nueva mujer que hoy soy...

"Así empiezo mis conferencias y charlas de empoderamiento y amor propio"

En este momento por mis mejillas ruedan lágrimas y no son de dolor, son de alegría por verme al espejo y encontrar la mujer fuerte, bondadosa y amorosa que hoy soy.

La mujer en la que la vida me ha convertido, con mucho amor y orgullo puedo decir que **¡VENCÍ LA DEPRESIÓN!**, volví a empezar de cero y les aseguro que ¡sí se puede! **VOLVER A EMPEZAR**.

Enfrentar la depresión puede ser un desafío, pero es posible recuperarse y mejorar con el tiempo y el tratamiento adecuado. Aquí tienes algunas estrategias que pueden ayudarte a lidiar con la depresión:

- ✓ Busca ayuda profesional: El primer paso más importante es buscar la ayuda de un profesional de salud mental, como un psicólogo o psiquiatra. Estos expertos pueden ofrecer terapia y, en algunos casos, medicamentos para tratar la depresión.

- ✓ Sigue el plan de tratamiento: Si un profesional de la salud te ha recetado medicamentos o terapia, asegúrate de seguir el plan de tratamiento con diligencia. Los medicamentos pueden tomar tiempo en hacer efecto, y la terapia puede ser beneficiosa a lo largo del tiempo.

- ✓ Comunica tus sentimientos: Habla abierta y honestamente con amigos y familiares sobre lo que estás experimentando. Contar con un sistema de apoyo puede marcar una gran diferencia en tu recuperación.

- ✓ Establece una rutina: La estructura y la rutina pueden ayudarte a lidiar con la depresión. Intenta mantener horarios regulares para comer, dormir y realizar actividades diarias.

- ✓ Haz ejercicio: La actividad física regular puede tener un impacto positivo en el estado de ánimo y la salud mental. Incluso una caminata diaria puede marcar la diferencia.

- ✓ Aliméntate saludablemente: Una dieta equilibrada puede tener un impacto en tu bienestar emocional. Intenta consumir alimentos nutritivos y evitar el exceso de azúcares y comidas procesadas.

- ✓ Descanso adecuado: El sueño es fundamental para la salud mental. Trata de mantener un horario regular de sueño y asegúrate de obtener suficientes horas de descanso.

- ✓ Evita el alcohol y las drogas: Estas sustancias pueden empeorar los síntomas de la depresión y dificultar el tratamiento.

- ✓ <u>Establece metas pequeñas</u>: Fija metas pequeñas y alcanzables para ti mismo. Celebrar los logros, por más pequeños que sean, puede aumentar tu autoestima.

- ✓ <u>Practica técnicas de manejo del estrés</u>: Aprende a reconocer y manejar el estrés de manera efectiva a través de técnicas como la meditación, el yoga o la respiración profunda.

- ✓ <u>Sé amable contigo mismo</u>: La autocompasión es importante. No te castigues por sentirte deprimido. La depresión es una enfermedad, no una debilidad.

Recuerda que superar la depresión puede llevar tiempo y esfuerzo, pero con apoyo profesional y el compromiso de cuidarte a ti mismo, es posible recuperarse y vivir una vida más plena y saludable. No dudes en buscar ayuda y apoyo cuando lo necesites, sobre todo ayuda espiritual.

Por experiencia propia les garantizo que el apoyo espiritual es fundamental en estos casos. La fe, el amor, la sabiduría de las personas más cercanas a Dios nos motivan a creer de nuevo.

¿Cómo lo logré?

Enfrenté la depresión: Acepté un nuevo reto en mi vida... (La Docencia). Hoy recuerdo con mucho amor las aulas de clase, las cuales se volvieron mi segundo hogar, los primeros días que llegaba a clase estaba sumida aun en la tristeza inexplicable; pero ni mis estudiantes, ni mi jefe, ni mis compañeros lo sabían.

"Era todo un reto para mí"

Recuerdo que empezar a preparar la clase era de gran entusiasmo para mí, estaba ocupando mi tiempo y mi mente estaba distraída en lago importante.

Al llegar a clase y ver tantos rostros llenos de alegría, innovación, ternura y motivación me daba mucha paz y felicidad.

Los estudiantes estaban ahí para aprender de mí, pero sin saberlo era yo quien estaba aprendiendo de ellos, estaba prendiendo a sentir ganas de vivir de nuevo, me enseñaban a creer, a soñar, a reír a carcajadas y hoy agradezco todos esos momentos… **los recuerdo con mucho amor.**

Empecé a hacer cosas nuevas, a relacionarme con nuevas personas.

"María José García (Diseñadora y Coach de imagen) me llenó de luz cuando yo más lo necesitaba y ella no lo sabía. Dios nos pone ángeles en el camino".

Desbloqueé mi estado anímico: Cuando decidí volverme a poner los tacones para ir a clase, volví a ir al salón de belleza para arreglarme el cabello y las uñas. Creo que una de las cosas que más disfruta una mujer es arreglarse, verse y sentirse bella.

¡Volví a brillar!

Me auto motivé: Me inscribí en el gimnasio, el deporte me curó las heridas del cuerpo. En el Gym hice nuevos amigos y me comprometí con una rutina de ejercicios diarios.

Eso me dio mucha motivación también.

¡El alma se me curó esa tarde que recibí a Cristo en mi corazón!

"**Dios puso TODO en mi camino para volver a empezar**"

En una de las aulas de clase, mi jefe Jorge Mario elevó una oración por mí, tomó mis manos y me dijo: – Sandrita, ¿aceptas recibir a Cristo en tu corazón?, inmediatamente recordé ese momento en que alguien tocó a mi puerta y no había nadie, por mis mejillas empezaron a rodas lágrimas y le dije: – ¡Sí!, acepto.

Oramos juntos y de ahí en adelante mi vida y mi camino <u>van de la mano de Dios</u>, según su voluntad.

El apoyo psicológico fue y es fundamental:

A lo largo de toda esta experiencia he contado con el apoyo de varios psicólogos que me han ayudado a entender muy bien mi trauma. Gracias a ellos.

Usé el poder de la oración.

Aprendí a orar a Dios.

"Dios es bueno, todo el tiempo"

Ahora tengo de nuevo las cosas materiales que perdí, mi auto nuevo, apartamento nuevo, empresa, la fundación en marcha y sigo siendo docente.

Pero lo más importante que recuperé, no son las cosas materiales, es mi <u>**esencia**, mi **magia**, mi **yo interior**</u>...

... Y sobre todo ¡**MI FÉ**!

¡Volví a vivir!

Depresión...
¡Te vencí!
"No hubo tiempo para la tristeza"

"Asegúrate de dejar huella

donde quiera que vayas"

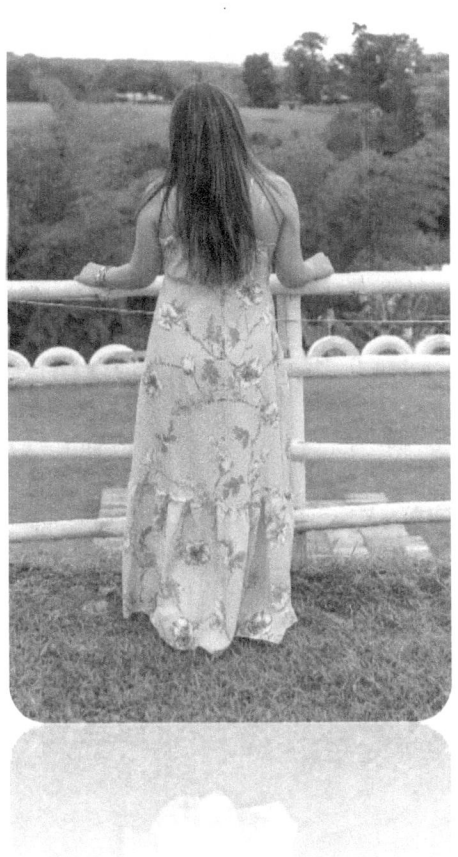

Depresión...
¡Te vencí!
"No hubo tiempo para la tristeza"

Depresión...
¡Te vencí!
"No hubo tiempo para la tristeza"

CAPÍTULO 7

ABRIÉNDOLE PASO AL DOLOR

Soy una mujer como cualquier otra, con tantos sueños, deseos y luchas internas (como muchas), soy una mujer que tiene una historia que contar, que está en una constante búsqueda de una ventana o un camino de luz para sanar.

Sigo siendo la niña de cuatro años, la de nueve, doce, catorce y veinticuatro años, cada una de ellas cuenta algo, cada una sobrevivió a la muerte (o eso procuran).

No tengo ni idea donde nací, la hora y en realidad me quedan dudas de mi fecha de nacimiento. Fui producto de un amorío entre un hombre infiel a su matrimonio y una joven ingenua, o como me gusta llamarlo, producto de un "amor clandestino". Los recuerdos de mis primeros años de vida, son contundentes, están adheridos a mí cual mácula en un espejo. Recuerdo verme con mi hermano mayor abandonados al punto de la hipotermia, desde ese recuerdo tan latente... supongo que empieza mi lucha.

Tenía tan solo cuatro años, vivía en una pequeña vereda, con una tía, su esposo y su pequeño hijo, para mí era como la construcción de familia que yo quería tener; en mis más bonitos sueños me sentí parte de ella, todo marchaba bien en ese lugar, tenía un patio enorme lleno de árboles el cual recorría con mi primito y jugábamos hasta caer la noche, disfrutábamos de la cena, de ver televisión juntos y luego dormir, aquello que una familia normal hace en su cotidianidad.

Una tarde, mi tía fue a la finca que quedaba ubicada a unos cuantos kilómetros más arriba que la nuestra, se llevó consigo a su hijo, yo quedé con su esposo sola; él me pregunto si quería jugar, para ser sincera me emocioné mucho, ya que él era muy serio conmigo; antes de iniciar su juego me dio reglas específicas: — este es nuestro secreto, no le puedes decir a nadie… yo accedí sin comprender nada; me baje mi short, retire mi camisa, dejé que me tocará y se desnudó; realmente no recuerdo con exactitud los detalles, recuerdo que estaba en la cama envuelta en sangre y semen. Al terminar, nuevamente me dio reglas, pero esta vez su tono era amenazante y sus ojos me dieron tanto miedo que hasta hoy en día tengo pesadillas.

En ese entonces no comprendí bien lo que pasó, no sabía con exactitud lo que había ocurrido, simplemente llegué a la conclusión que era mi culpa, que yo accedí a su juego, seguí sus instrucciones, no dije nada, no me negué y sabía que sí decía algo, muchas cosas malas me pasarían (o por lo menos eso fue lo que me advirtió). Ese día algo se rompió, cambio todo en mí, la manera de ver la vida, las maneras de amar y de percibir la humanidad.

Conforme pasaba el tiempo todo se complicaba, mi madre biológica me llevó con ella, pero días después… me abandonó nuevamente. Fuimos de visita donde otra tía, ella se marchó con la excusa de comprarme un bombón, la espere en la ventana… nunca llegó; llorar en la ventana por mi bombón, o por mi madre, era un ritual de todos los días. Mi tía, en ese entonces, era una niña igual que yo, ella tenía su hija un esposo mucho mayor, el cual le gustaba presumir su desnudes por toda la casa y de vez en cuando le gustaba golpear a mi tía. No recuerdo con exactitud cuánto viví en ese lugar, solo sé que en mi vida apareció el arcoíris después de la tormenta.

Otra tía (mi madre tenía muchas hermanas), quien vivía con su esposo y sus dos hijos, en un acto de compasión me llevó a su casa a pasar unos días, esos días… fueron años. Para su hijo menor esto no fue una noticia muy grata, pues él era el niño consentido y temía perder su título.

Mi vida en ese lugar transcurría con normalidad, me sentía a salvo, sentía que por fin tenía una familia, que alguien me amaba y que no existía mejor lugar. Cuando tenía nueve años mi situación cambio, el hijo mayor inició un trato diferente hacía mí, me rozaba el cuerpo "por accidente", se desnudaba en frente de mí, solo por "ser gracioso", situaciones que me generaban incomodidad, luego llegaron los insultos: — recogida, su mamá no la quiere, palabras de ese tipo que me abrumaban.

Después de los insultos las amenazas, me decía que sí no me dejaba tocar haría que me saquen de la casa, amenaza que me daba terror, pues por primera vez, sentía que tenía una familia y no quería que nadie me la quitará.

Los insultos, las amenazas, las bromas subidas de tono, las peticiones inapropiadas y su gran insistencia, hicieron que me convirtiera en su basurero; hacía conmigo lo que quería (y la hora que quería), abusó de mí cuantas veces quiso, para ser exacta tres años... tres años de silencio, de sentirme sucia, inútil, sola; acabó conmigo, no dejo nada de mí, era como vivir con el "diablo". Cada día me convencía a mí misma que esa era mi vida, que no merecía menos y rezaba por que acabara algún día, me preguntaba por qué mi madre no me amaba, por qué permitía que yo viviera esto y por qué me abandonó, si yo la amaba y soñaba con el día de estar con ella.

Una mañana, decidí acabar con todo lo que estaba viviendo, sentía que me estaba ahogando... que ya no podía más; mi acto de valentía fue obligar a mi madre a vivir conmigo, por medio de un mensaje de texto le dije: —¡quiero que me lleves a vivir contigo!... por fin tuve la valentía de enviarlo; llevaba escribiendo ese mensaje por mucho tiempo. Ella aterrada me llamó, creo nunca antes tuve la atención inmediata de mi madre, como ese día.

Recuerdo tanto este día, mi tía no entendía el porqué de mi decisión, yo solo veía como entraban aromáticas a su cuarto, personas a consolar su incesante llanto, los ojos que me juzgaban, como me aconsejaban de mi decisión y de la mala idea de vivir con mi madre; pero mi agonía era fuerte y salir de ese lugar era mi grito desesperado.

Pasaron días de silencio absoluto, de tensión dentro de la casa, de angustia, pánico y zozobra; llegamos al trato de que yo pasaría las vacaciones del colegio con mi madre, me despedí de mi tía y lloré todo el viaje, porque sabía que no regresaría más. Cuando llegué a casa de mi madre, me enfrenté a una nueva ciudad, una nueva vida y pude sentir como respiraba de nuevo... una carga se quitaba de encima; las condiciones en que vivía mi madre no eran las mejores, vivíamos en una residencia, en el primer piso había un billar, para ir al baño teníamos que pasar por los borrachos que jugaban diariamente y dejaban el baño en condiciones desagradables por su constante uso. La pequeña habitación en la que vivíamos, constaba de una cama, una espuma, un armario y una enorme humedad que hacía que la habitación oliera a "moho".

Los primeros días con mi madre fueron maravillosos, pasé todo el día con ella, la obligué a hacer todas esas cosas que una mamá se supone que hace, la puse a que me bañara en el lavadero, que me vistiera, peinará y contará un cuento antes de dormir; siendo sincera ya estaba grande para esas cosas, pero yo pretendía recuperar el tiempo perdido; al pasar los días mi mamá se veía angustiada, era evidente que la maternidad no era lo suyo, me explicó que tenía que volver a trabajar, que llevaba muchos día sin ir, que ella tomaría el turno de las noches y así pasar tiempo juntas.

La ciudad donde viví era bastante pequeña, la cual se podía recorrer a pie, en mi afán por ser independiente y escapar del olor a moho de la pequeña habitación, quise conocer la ciudad. Eran aproximadamente las seis de la tarde, pasé por un calle bastante marginada, había mucho bar y chicas ofreciendo sus servicios; cuando me disponía a salir de esa calle, a lo lejos… vi a mi madre… estaba apoyada en la puerta de un bar, llevaba un vestido negro muy corto con detalles de encaje, labial rojo y su cabello suelto con sus perfectos risos, un hombre le sujetaba la mano, podía ver como mi madre lo envolvía en prácticas de seducción, hasta que lo hizo entrar a ese lugar; la vi tan distante, tan irreconocible, sus gestos, su cuerpo, como si no fuese ella, me quedé estática, fría y salí de ese lugar.

Al día siguiente mi madre avergonzada me explicó todo, el porqué de su empleo, de sus mentiras y de sus luchas; dije entenderla y ella con alivio me abrazó, es como sí le hubiese dado permiso de abandonarme nuevamente; las tardes enteras que me prometió para estar juntas simplemente no existieron, ella con total libertad continuó su vida, se dedicó por completo a su empleo y yo pasaba días sin verla; a veces la veía en las madrugadas, ella dormía todo el día y nuevamente se iba. A la habitación del lado llegó un nuevo inquilino, un hombre robusto, de voz gruesa y alta estatura, a veces nos brindaba un saludo, pero nunca supe su nombre.

Una noche alguien entro a la habitación, en ese momento todo se tornó denso, el aire era caliente y sentí miedo… un miedo que ya había sentido antes; fingí estar dormida, ese hombre enorme se acostó aun lado, me acarició, me beso el cabello e introdujo su mano en mí, se dio placer a sí mismo mientras yo rogaba con que la pesadilla terminará. Me preguntaba una y otra vez porqué esto me pasaba y sentía que quizás así tenía que ser;

él se marchó y quede destruida con miedo, asco y una tristeza enorme. Esperé con ansias a mi madre, pero ella tardo tres días en volver, en esos días mi dolor crecía y la culpaba a ella de todo, me decía a mí misma que jamás sería como ella, la odié con todas mis fuerzas, ella nunca se enteró de lo que pasó (en sí nunca se enteró de lo que pasaba en mi vida).

No hubo tiempo para sentir, para pensar y menos para llorar, me encerré en mí, me armé de una coraza anti dolor, me enfoqué en salir adelante para irme de ese lugar. Crecí siendo una niña sola, pasé por procesos de depresión y ansiedad. En mi proceso escolar era bastante tímida y socializar no era algo que se me diera, sentía pena de mi vida, de mi madre y de todo lo que me rodeaba, evitaba las preguntas personales y evadía cualquier persona que sintiera interés por mí.

Al cumplir la mayoría de edad, regresé nuevamente a mi ciudad natal, tenía un trabajo de mesera con el que apenas sobrevivía y me hacía la constante pregunta: — ¿cuándo será mi momento? Soñaba con un trabajo estable, estudiar en una universidad grande, tener a alguien a quien amar y tomar café en las noches mientras hablaba de mi día; fantasías que eran interrumpidas por los clientes que me pedían que tomara su orden. Muchas veces sentí que no lograría nada en la vida, que las historias de superación, de lucha y de personas "que de la nada triunfan", eran historias creadas por desdichados para sobre llevar sus vidas miserables.

Al pasar los días me enfrenté a el más grande demonio: La depresión. Dejé que mi mente me manipulara y atenté contra mí en distintas ocasiones, intentos desesperados por escapar de tanto dolor; la migraña que estos intentos me ocasionaron, las noches sola en mi habitación, me llevaron a pensar que no podía ser tan cobarde, que no podía tomar el camino fácil… **me aferré a esa esperanza**, a ese mínimo rayo de luz; me permití llorar, darle nombre a las cosas, contarme mi historia, abrazarme, perdonarme, perdonar a quienes me hicieron daño; me aferré a mis sueños, a la literatura, a la luz tenue de mi habitación y a mis diarios.

Poco a poco me voy convirtiendo en ese personaje de superación que leía (y a veces odié), ese personaje que se veía tan ajeno a mí, el que logra sus sueños, se enamora y vive un final feliz. Cumplí mis sueños, logré estudiar, tengo esa linda casa con la mascota perfecta, las noches de tomar café y ese alguien que me pregunta sobre mi día; la diferencia es que este no es un final feliz para mí, es el inició de mi historia.

Me gustaría decir que he sanado por completo, que no existe angustia en mi corazón, que ya no tengo pesadillas, que no siento temor antes de dormir (porque pienso que alguien vendrá a lastimarme), me gustaría poder decir que lo superé... pero solo me mentiría.

<u>Aún tengo miedo</u>... despierto en las noches pensando que mi vida es un sueño y que aún me encuentro en esa pequeña habitación que apesta a moho. Aún no soy capaz de hablar con las personas, decir lo que me agobia, de hecho, nunca he contado mi historia **como en este momento lo hago**; siento miedo y tristeza, pero también me siento fuerte... **en mi ser**, fortaleza que siempre necesite, anhelo de arrancar todo de mi ser. Al escribir estoy sanando, al escribir estoy llorando, cerrando mis heridas, perdonando... y escuchando por primera vez a la niña de cuatro años, la de nueve, doce y veinticuatro.

Para ser sincera, no cambiaría nada de mi historia, de todo he aprendido, me he hecho fuerte, noble, he aprendido a amar con más fuerza, con entrega, con valentía y sin miedo de ir **"abriéndole paso al dolor"**.

¡Anónimo!

En este caso la protagonista de la anterior historia de la vida real, después de haber vivido tantos episodios desagradables y terribles, trabaja en su sanación y despertar un profundo amor propio que la lleva a sanar.

El amor propio, también conocido como autoestima o autovaloración, es el aprecio, el respeto y el cuidado que una persona siente por sí misma. Se trata de tener una opinión positiva y saludable sobre uno mismo, valorándose como individuo y reconociendo el propio valor intrínseco.

El amor propio implica aceptarse a uno mismo con todas las fortalezas y debilidades, ser amable y compasivo consigo mismo, y tener confianza en las propias habilidades y capacidades. No se trata de egoísmo ni de narcisismo, sino de desarrollar una relación positiva y equilibrada con uno mismo.

Tener un buen nivel de amor propio es importante para la salud mental y emocional, ya que puede ayudar a reducir la vulnerabilidad a la depresión, la ansiedad y otros problemas psicológicos.

Fomentar el amor propio implica trabajar en la autoaceptación, el autocuidado, la autoafirmación y la autocompasión.

Depresión...
¡Te vencí!
"No hubo tiempo para la tristeza"

"La depresión es un trastorno mental, caracterizado fundamentalmente por un bajo estado de ánimo y sentimientos de tristeza"

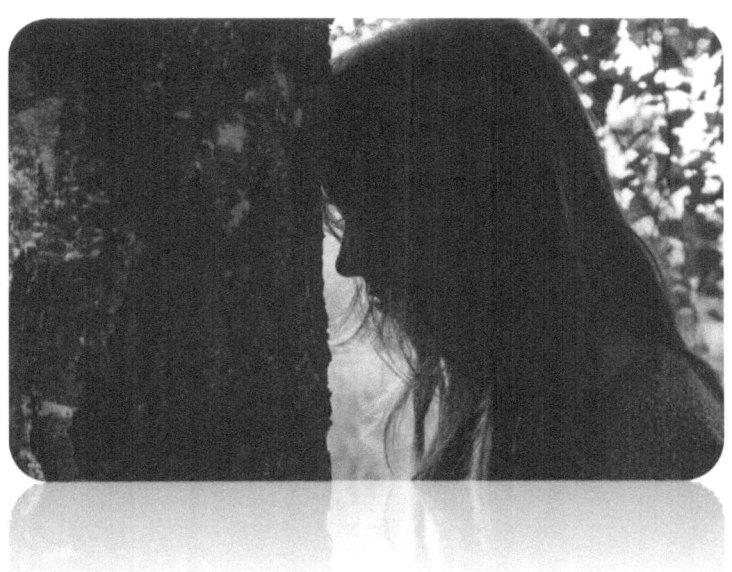

Depresión...
¡Te vencí!

"No hubo tiempo para la tristeza"

"El desamor es una de las mayores Causas de depresión"

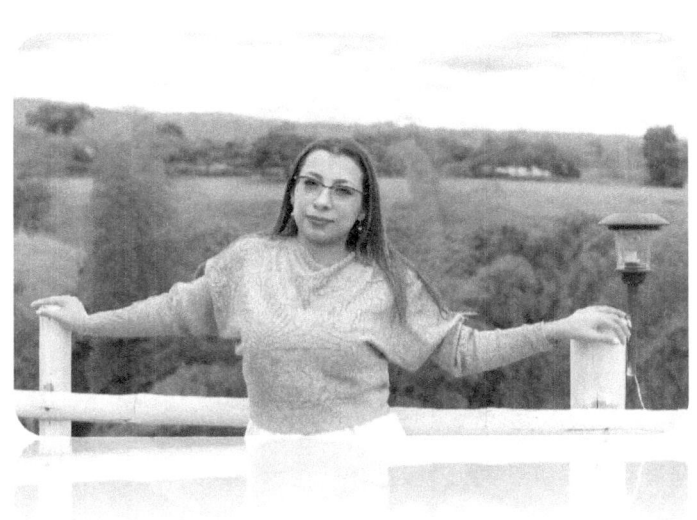

Depresión...
¡Te vencí!
"No hubo tiempo para la tristeza"

Depresión...
¡Te vencí!
"No hubo tiempo para la tristeza"

CAPÍTULO 9

EL PRÍNCIPE AZUL

Esta es la historia de vida de una bella mujer que cuando era niña soñaba con un príncipe azul, creció pensando que el amor podía ser así, tan hermoso y tan perfecto como un cuento de hadas; la niña creció, cumplió los 16 años de vida y se enamoró... ¡Bienvenida a la realidad!...

Mi nombre es Diana, tengo 37 años y dos hijos; mi hijo mayor tiene 18 años y mi hija menor tiene 7 años... los amo con toda mi alma.

Son de diferentes padres y con cada relación viví una historia diferente; quiero relatar a groso modo el sufrimiento que puede desencadenar una mala decisión.

Cuando tenía 16 años ya era estilista profesional, trabajaba en un salón de belleza en el centro de la ciudad, tenía una vida tranquila y muy feliz; vivía en casa de mi madre con mis hermanos (mi madre era separada).

Yo tenía muchos sueños, uno de esos era encontrar el hombre ideal, casarme, tener hijos y llegar juntos a viejitos.

Por esos días conocí el hijo de una compañera de trabajo, él era un año mayor que yo, empezamos a salir, luego pasamos a una relación seria, un noviazgo muy bonito del cual, 8 meses después, quedé embarazada. Reconozco que no planificaba, nos cuidábamos con el método del ritmo y preservativo; mi inmadurez y poca experiencia, revuelta con ingenuidad, fueron una mezcla peligrosa para una pareja de inexpertos en el campo sexual.

La noticia del embarazo nos llenó de felicidad, estábamos tan enamorados, teníamos planes de casarnos; mi madre nos aconsejó irnos a vivir juntos, pues los gastos que se venían eran muchos y debíamos ahorrar dinero para el esperado bebe. El embarazo transcurrió con normalidad, nueve meses después nació mi primer hijo, nunca antes había sentido tanto amor, tanta ternura, solo mirarlo me enchina el corazón, lo llamamos "Juan". Fue el primer nieto por parte de la familia paterna y materna, por ende, el primer sobrino, era el centro de atención, quince días atrás había muerto mi abuela materna y mi madre de tan solo cuarenta años de edad estaba destrozada; fue pues mi hijo, ese amor desbordante que de gran manera mitigó ese dolor en mi madre, ya que para esos días vivía en casa de mi madre con el papá de mi hijo.

Los días pasaron, llegó el primer año de vida de mi niño, todo marchaba bien, hasta ese momento tuve un hogar estable y bonito. Días después… ese hombre con el cual había idealizado una vida feliz, se volvió tosco, irritable, malgeniado, explotaba fácilmente alzando la voz, empezó a llegar tarde del trabajo y un día de tantos no llegó a casa una noche, la pasé en vela esperando, preocupada. Al día siguiente, llegó como si nada, pero enojado conmigo, se metió a bañar y como toda mujer intuitiva fui directo a su billetera, encontré la foto de una mujer joven, cabello rojizo; cuando salió del baño, yo estaba ahí parada, con la foto en mis manos esperando una explicación, pero me dijo que era la novia del amigo (los hombres no saben mentir); después de discutir, me gritó: —¡Sí!... estoy saliendo con ella ¿y qué?... si no le gusta ¡váyase de la casa!

"Mi castillo se derrumbó", después de llorar y llorar empaqué mis cosas, me fui a casa de mi madre con mi hijo, literalmente me enfermé, estaba descompensada, física y emocionalmente, no sabía cómo enfrentar esa situación. El padre de mi hijo se fue, no supe para dónde, al parecer a otro país (por dos años), yo seguí viviendo con mi mamá, empecé a trabajar de nuevo.

Un día apareció nuevamente el padre de mi hijo, pidiendo perdón; yo aún lo quería, mi madre me aconsejó darle otra oportunidad, volvimos a vivir juntos y ¿qué creen?... no cambió. Fue peor día por día, me trataba más mal, con palabras hirientes, agresivas, me maltrataba psicológicamente; ya las infidelidades eran constantes, tenía varias mujeres y yo ahí tolerando, perdonando, dando oportunidades… así pasaron tres años más. Yo lloraba, pensaba que estaba sufriendo, me victimizaba, vivía en una relación en la que no era feliz; hasta que empecé a leer libros de autoayuda, de crecimiento espiritual y superación personal, recuerdo el libro "Te amo, pero soy feliz sin ti" de Jaime Jaramillo. Cada guion sentía que me hablaba a mí, fue mi tesoro, amé ese libro, pues me enseñó a valorarme, a comprender que el amor no es someterse al maltrato, que el amor es otra cosa: es respeto, comprensión; entendí que ese hombre no me amaba y decidí pedirle a Dios que me lo sacara del corazón.

Finalmente fueron las tantas humillaciones e insultos, los que terminaron acabando con ese amor que sentía por él.

El día llego en que dije: — ¡Se acabó!, ¡no va más!; empaqué mis cosas, esta vez con ahínco y determinación, me mudé a casa de mi madre con mi hijo, que para ese entonces tenía 7 años, sentí que la pesadilla había terminado y estaba feliz.

Los días y meses siguientes fueron un encuentro conmigo misma, pude ser yo, pude vivir mi vida, vestir y comer lo que me agradaba, conocí un grupo espiritual muy bonito, un estilo de vida llamado "Tao", dicha filosofía enseña a tener un equilibrio entre cuerpo, mente y espíritu; comencé a asistir a ese lugar donde llegaban más jóvenes y personas de todas las edades, allí se practicaba danza hindú, yoga, taekwondo, taichí; enseñaban música y hacían comida vegetariana, estudios bíblicos, entre otros; ese lugar fue mi pedacito de cielo, allí se respiraba amor, paz, espiritualidad, **"me aferré a esa nueva forma de vida física y espiritual"**, mis creencias cambiaron, me reinventé y empecé a vivir mi nueva y feliz vida, sin un hombre a mi lado, no lo buscaba en ese tiempo, estaba enfocada en mi crecimiento espiritual y sacar a mi hijo adelante.

La verdad fue que, si antes pensé que había sufrido y vivido un infierno, eso fueron solo pañitos de agua tibia, pues estaba por vivir la peor pesadilla de mi vida.

****

Sandra M. Ramírez Hernández.   Depresión… ¡te Vencí!

Cuatro años después de haberme separado del padre de mi hijo, un día llegó a mi vida otra persona, era un hombre joven, delgado, cabello rubio y ojos miel, en la mirada se podía ver la nobleza de su alma, para ese tiempo él también pertenecía a la misma comunidad "TAO" de Colombia, a la cual yo también asistía. Empezamos a compartir tiempo juntos y… me enamoré. Después de 6 meses de ser amigos, un atardecer en las hermosas playas de Cartagena, justo cuando se está ocultando el sol, me pidió que fuera su novia, por supuesto le dije que sí, sentía que estaba aún más enamorada que la primera vez, fueron unos meses bonitos que trajeron a mi vida nuevas ilusiones, mi novio vivía en otra ciudad (16 horas de viaje por tierra), nos veíamos cuando se podía.

El guía espiritual de la comunidad nos dijo que esa relación no nos convenía, que debíamos terminar porque de seguir juntos íbamos a sufrir aún más de lo que podíamos sufrir al terminar; decidimos terminar, los días pasaron y la tristeza era inevitable, hablamos por teléfono intentando ser amigos… era peor; preferimos no volver a hablar, para de esa forma poder olvidar. Estuve pendiente de la llegada de mi periodo menstrual… pero no llegó; pedí a Dios con toda la esperanza de que fuera solo un retraso, pero no fue así, el periodo nunca llegó; no podía estar más con esa incertidumbre y me hice una prueba de sangre, la cual salió… positiva.

Lloré de rodillas como esperando un milagro, como deseando que eso solo fuese un sueño, pero mi realidad era esa y la tuve que aceptar; yo con 29 años, separada, con un hijo de 11 años y embarazada de un hombre 5 años menor que yo, que ya ni siquiera era mi novio.

Me sentía devastada, sentía que había fallado, que me había fallado a mí misma, a mi hijo, a mi madre, a mi padre… ¿qué iba a decir mi familia?; para esos días estaba económicamente muy regular, atravesaba por un mal momento.

¡No tuve opción!... secar mis lágrimas y como toda "mujer valiente" seguir adelante (pegada de Dios). Nací en una familia muy espiritual y me enseñaron el valor de la fe.

Cuando le conté al futuro padre la noticia, por supuesto lo tomó por sorpresa, pero asumió su responsabilidad, decidimos que finalizando el embarazo él llegaría y empezaríamos una nueva vida juntos. Aunque el embarazo era de alto riesgo, en la última ecografía se veía una aparente doble bolsa, entre otras complicaciones; aunque a los 8 meses me tuvieron que inducir el parto para salvar la vida de mi bebé, nació con una excelente salud, fue una niña de bajo peso, pero hermosa y sana: —¡cuán grande es Dios!... pensaba, estaba agradecida.

Todo estaba funcionando bien, los meses fueron pasando y económicamente la situación empeoraba, pues ya no podía trabajar, estaba a cargo de mi bebé, que para completar lloraba inconsolable por lo más mínimo, nadie se apuntaba a cuidarla, mi madre decía que ni por todo el dinero del mundo la cuidaba, el padre de la niña no tenía trabajo en esta ciudad, por lo que decidimos irnos a vivir a la ciudad donde él vivía, pues allá si tenía trabajo.

Pero mi sorpresa fue cuando mi hijo de 12 años me dijo: — Yo no me quiero ir, yo me quedo con mi abuela. Pensé que era algo pasajero, seguí organizando el viaje, le prometí regalarle una bicicleta, le hice mil promesas, traté de convencerlo de irse conmigo, pero su respuesta era que yo no lo podía obligar. Pensé que lo más coherente era dejarlo con el papá, pues la responsabilidad era del padre o la madre, no me pensaba quedar a vivir allá por mucho tiempo, solo mientras la situación mejoraba, luego regresaría a vivir a mi ciudad natal y obviamente mi hijo regresaría a vivir conmigo.

Con el dolor en el alma por tener que separarme de mi hijo por primera vez, algo por dentro me atormentaba con esa intuición de madre que no falla; pero sin encontrar otro camino, pues al fin y al cabo el niño… "mi niño", quedaba en buenas manos, quedaba con el papá y no iba a ser para siempre.

Un día antes del viaje el padre de mi hijo llegó a casa de mi madre por él, le entregué los documentos de mi hijo con un nudo en la garganta y haciendo de tripas corazón para no desfallecer, abracé a mi hijo, le dije que lo amaba y que todos los días lo iba a llamar, que pronto regresaría.

En cuanto salieron de la casa me encerré a llorar inconsolable, ya no había vuelta atrás, tenía que aceptar que todo en la vida no es como queremos.

Al día siguiente viajé con mi bebé hasta la ciudad donde estaba el padre de mi niña, esperándome para formar un hogar. Yo trataba de estar en calma, aunque sentía ese vacío, me remordía la conciencia… **la vida me puso entre la espada y la pared.**

llamé al padre de mi hijo para preguntar por él, me contestó mal humorado diciendo que con él estaba muy bien, que ahora que lo tenía en su poder las cosas eran diferentes, que las llamadas debían ser cada ocho días, no cada que yo quisiera; le pedí el favor de que me pasara al niño, pero cuando pasó al teléfono lo sentí extraño, el tono de su voz era diferente, algo seco e indiferente, muy poco fue lo que quiso hablar conmigo, supe que no sería fácil (lloraba en silencio).

Mi hijo llevaba un celular sencillo al cual yo lo llamaba siempre, ese celular se lo quitaron para que no se pudiera comunicar conmigo, seguí llamándolo cada ocho días, solo pude hablar con el unas 3 o 4 ocasiones después de que empezó a vivir en casa de su padre, pues ya cada ocho días que llamaba me decía que estaba viajando; al principio dejó ir al niño a casa de mi madre, después de un tiempo dijo que él ya no podía regresar más a casa de mi madre. Cuando yo lo llamaba para preguntar y rogar literalmente que me pasara a mi hijo, me exigía dinero, casi el triple de la cuota mensual que él me pasaba cuando el niño vivía conmigo. La última vez que pude hablar con el niño recuerdo que me dijo: — es que usted no me volvió a llamar, quiere más a la niña y se olvidó de mí. Supe que el papá y la mujer con la que vivía lo estaban poniendo en mi contra, fueron días de desesperanza, tristeza y dolor.

Los meses pasaron, la situación empeoraba; cada que trataba de hablar con el padre de mi hijo, de llegar a un acuerdo este hombre… me insultaba, utilizaba palabras hirientes y ofensivas; me decía que mi hijo no me quería ver. Viajé de nuevo a mi ciudad natal y entablé una demanda ante bienestar familiar.

El día de la cita para conciliar llegó, recuerdo que fui a ese lugar con la ilusión de ser ayudada; pero para mi sorpresa la trabajadora social de ese lugar parecía estar a favor del padre de mi hijo, a quien ese día le otorgaron la custodia del niño, argumentando, que, si el niño vivía con el padre, era el padre quien debía tener la custodia. Ese día (yo literalmente con lágrimas en mis ojos), pedí que me ayudaran para que mi hijo volviera a vivir conmigo, pues era tal mi desolación ante lo que estaba pasando, que estaba decidida a regresar a vivir a mi ciudad, para poder rescatar a mi hijo, yo sabía que él estaba sufriendo (la intuición de una madre nunca falla), a mi hijo no lo citaron para tomar su declaración, tampoco tuvieron en cuenta la mía, ni mis testigos, ¡absolutamente nada!

Me sentí tan decepcionada, fui a ese lugar esperando ser ayudada y me encontré con todo lo contrario. Lo único a favor fue que me pusieron una cuota mensual y se le ordenó dejarme ver al niño cada 15 días. Recuerdo que este hombre estaba tan envenenado psicológicamente, que puso como condición dejarme ver al niño, pero no en mi casa (la de mi madre), decía que mi madre no era buena influencia para el niño, pues en una ocasión mi madre enfadada exclamo en frente de mi hijo las siguientes palabras: — Es que el papá de Juan se volvió un dictador; mi hijo le contó eso a su padre y este más se llenó de ira.

Cuando se llegó el día para poder ver a mi hijo (después de varios meses), yo estaba feliz y segura que él quería regresar a vivir conmigo, pensaba que era el fin de mi sufrimiento, pues no había tenido ni un minuto de paz lejos de mi niño.

Cuando lo vi… lo abracé con toda mi alma, le dije lo mucho que lo había extrañado… y lloré; aunque él estaba alegre, en su mirada veía cierto descontento, algo de indiferencia; el día transcurrió muy rápido y hablamos mucho, mi hijo todo el tiempo me dijo que él estaba muy bien, que ya se había acostumbrado a vivir con el papá y con la madrastra; cuando le dije que yo quería rentar una casa en la ciudad para que nuevamente viviera conmigo, me dijo que ¡no!, que no insistiera porque tampoco lo podía obligar.

Yo sentía un sin sabor, sentía que algo no estaba bien; pero no tenía pruebas, ni como demostrar nada. Mi madre fue esa persona que por tantos años cuidó de mi hijo mientras yo trabajaba, ella siempre decía: — mi Juan es mi hijo menor; y sufría por su ausencia igual que yo. Quince días después llegó la hora de ver de nuevo a mi hijo, en esta ocasión lo llevé a mi casa, para que mi madre pudiese verlo y compartir con él; el niño estuvo feliz, todos en la casa lo recibimos con alegría, en la noche pedí un taxi para que llevara a mi hijo a la casa de su padre, sin contar con que este estaba esperando en la puerta y le preguntó al conductor dónde había recogido al niño. El padre de mi hijo me llamó endemoniado diciendo que esa era la última vez que lo veía, porque lo traje a mi casa sin su autorización, y según él, fue una falta gravísima; él no pensaba en el bienestar de mi hijo, solo quería alimentar su ego ¡manipulándome a su antojo!

Desde ese día empezó el verdadero calvario, este hombre, el mismo que un día llamé "mi gran amor", "el amor de mi vida", el padre de mi primer hijo, se había convertido en mi peor enemigo, buscando por todos los medios negarme mi derecho de madre a ver y velar por el bienestar de mi hijo.

Los días pasaban y yo esperaba un milagro divino, esperaba que este hombre cambiara de opinión, pero para mí desdicha no fue así, por el contrario, cada día la situación empeoraba; yo lo llamé, le pedí perdón, aun sabiendo que no había cometido ningún delito, más bien mi delito, fue el haberle confiado y entregado mi niño, mi tesoro… ¡fui tan inocente! al no imaginar el odio y la venganza que había dentro de ese hombre y dentro de una mujer a la que yo ni conocía, esa mujer era la actual pareja y madrastra de mi hijo, quien también intervino en mi contra, oponiéndose rotundamente a dejarme ver el niño.

No pude llegar a un acuerdo ni con palabras amables, ni con mi llanto (que no podía ocultar), ni cuando exploté de rabia y dolor gritándole que era mi hijo, que por 12 años vi por él; no puedo negar que por primera vez en mi vida deseé matar a ese hombre con mis propias manos, se trataba de mi hijo, nunca pasó por mi cabeza estar en esa situación de impotencia e incertidumbre, obviamente mi corazón, mis principios, mis valores, van en contra de la violencia, razón por la cual le pedí perdón a Dios por llegar a pensar en matar a alguien.

Al día siguiente, fui a una comisaría de familia, citaron al padre de mi hijo, pero no se llegó a un acuerdo, este hombre estaba empeñado a no dejarme verlo, motivo por el cual me dirigí a bienestar familiar, para denunciar la situación. Lo citaron para conciliar, este llegó a la cita con cara de víctima, diciendo que la última vez que yo vi a mi hijo, lo ultrajé, que intenté manipularlo amenazándolo con no dejarlo regresar a su casa; que el niño había llegado temeroso y aterrorizado por mi causa. Esperé apoyo de esta entidad que dice proteger los derechos de los niños, pero así sin más, ni más, me dijeron que yo no lo podía volver a ver, que un niño no se puede obligar a ver a la mamá, si él no la quiere ver... ¡salí de ese lugar derrumbada!

Mientras tanto los días pasaban, desesperada fui a la fiscalía donde recibieron la denuncia; pasaron días... meses... y nunca llegó una respuesta, por lo cual retiré la denuncia de ese lugar; me dirigí a la defensoría del pueblo donde oyeron mi caso, pero dijeron que allá no me podían ayudar. Ya había pasado, algo más de un año, y yo sin poder ver, ni saber nada de mi hijo; lo veía reflejado en cada niño, veía las madres con sus hijos, mi corazón se comprimía de dolor, imaginaba como estaría de grande, tal vez más gordito, más alto... — ¿cuál sería ahora el tono de su voz? ¿Estará feliz? ¿Se habrá adaptado a ese nuevo hogar? (sentía que no era así). ¿Cómo puede un niño que ha vivido 12 años con su madre, en su hogar materno, olvidar aquel hogar donde vivió y creció sin lujos, pero sí lleno de amor?... ¿cómo puede un niño ya entrando en la pubertad, olvidar y dejar de extrañar aquella mujer que desde el primer mes en su vientre (siendo tan solo un feto), no dejó nunca de mimarlo, amarlo y cuidarlo?, si el amor de una madre en la tierra es el más similar al amor de Dios.

Todos los días, todas las noches pedía ayuda a Dios, lloraba unas noches en especial: el día de su cumpleaños, el día de la madre, un 24 de diciembre, fechas en las cuales siempre estábamos juntos y eran especiales. Trataba de comprender por qué esto me pasaba a mí, que nunca le hablé a mi hijo mal de su padre, ¡a mí!, que llamaba al padre de mi hijo a decirle: — no se aleje tanto del niño, usted y yo estamos separados pero el niño sigue siendo su hijo y lo necesita.

Ya por último recurso, después de haber acudido a varias entidades sin encontrar ayuda, busqué la vía legal, llamé a mi abogada, una clienta con un corazón bello, quien se ofreció a ayudarme por un precio muy bajo, pusimos la denuncia ante el juzgado de familia, todo empezó a marchar lentamente, pero tenía fe que esta vez la justicia iba a estar a mi favor; empezaron las citaciones, el demandado con su abogado tratando de demostrar ante este juzgado de familia mi incompetencia como madre, del otro lado mi abogada y yo, con las múltiples pruebas del atropello a mis derechos como madre. Pasaron los meses… un año… otro año… cada día para mí era peor, sentía como si mi hijo estuviese secuestrado (para mí lo estaba), pues tras las investigaciones supimos que a mi hijo no le permitían utilizar ningún medio de comunicación.

Para cuando mi hijo cumplió los 16 años de edad, coincidimos con una citación en medicina legal, el padre de mi hijo, mi hijo y yo, cada uno por separado con una psicóloga especialista en "alienación parental" (cuando un padre le habla mal al hijo del otro padre), este es un delito penal, nos evaluaron. Pues resultó para mí la gota que rebosó la copa, ya que para acabar de completar la declaración que mi hijo dio, fue en pocas palabras "que en efecto no me quería volver a ver, dijo que yo había sido muy mala madre y que siempre desde niño el padre de él era quien estaba pendiente de todo; que él vivía feliz con su padre y su madrastra".

Ya con esta declaración se sabía cuál era la decisión final del juez, pues mi niño había crecido y era la declaración de un adolescente de 16 años de edad a favor de su padre.

Cuando tuve esa declaración en mis manos casi que no podía ni leer, porque no eran lágrimas las que rodaban por mis mejillas, literalmente eran "chorros de dolor", de tristeza, me desboroné en un mar de lágrimas, de rodillas en el piso de mi habitación llorando como niña, con el desgarrador dolor de la ingratitud y el mal sabor de saber que perdí a mi hijo así, sin más ni más, solo porque a un hombre retrogrado se le ocurrió que así tenía que ser; en ese momento ocurrió algo que yo no me esperaba, pero llegó a mí una voz, que sé y sentí, fue la voz divina de Dios dentro de mí que me decía: — no te sientas mal, tienes la conciencia tranquila, eres una gran madre, una buena madre y has hecho todo lo que estuvo en tus manos para recuperar tu hijo, debes estar tranquila y confía en mí. Lo comprendí, en ese instante supe que había puesto en manos de hombres lo que desde el comienzo debí poner en manos de Dios.

Lloré y le pedí perdón a Dios.

Me aferré a él con todas mis fuerzas y le entregué a mi hijo en sus amadas y sabias manos, le supliqué que sanara el corazón de mi

hijo, que me ayudara a que mi hijo me pudiera volver a ver como su madre, hablé con él, con Dios Jehová, como una hija arrepentida y sedienta de verdad, de vida, de amor.

Después de tanto llorar me dormí (casi a la media noche), deseando no volver a despertar, sentía que no tenía fuerzas, sentía que no podía más, mientras miraba a mi niña menor (ya con 4 años de edad) dormidita en su cama, una razón para recoger mis pedazos del suelo y seguir adelante.

Al día siguiente (muy temprano), fui a retirar la demanda después de tres años de lucha. En ese juzgado ya todo el personal me conocía y conocía mi caso, me despedí ante las miradas desconcertadas y de lástima de aquellas personas, que seguramente, no querían estar en mi lugar.

Ya era fin de año y aunque yo trataba de permanecer tranquila y feliz, no podía ser así. ¿Qué madre puede estar para feliz, sabiendo que tiene un hijo el cual no la quiere ver?, esa decisión mía de irme a vivir a otra cuidad, sin primero tener la certeza de que me iría con mis dos hijos, fue la peor decisión de mi vida, porque eso desencadenó un sufrimiento, no solo en mí, sino en toda mi familia, mi madre, mis hermanos y mi hijo, quien estuvo en el medio de esas situaciones. Si pudiera devolver el tiempo, jamás soltaría a mi hijo, a "mi niño", recuerdo que la abogada me dijo: — **uno sabe con quién se casa, pero no de quién se separa**; cuanta verdad en esas palabras, pero ¡Dios es grande! y su poder infinito.

Ese diciembre para navidad, decidí hacer un ayuno de tres días, con una fuerza de voluntad inquebrantable, pidiendo a Dios me permitiera recuperar a mi hijo, ofrecí ese sacrificio con amor y fe. Pues para mi alegría, la de mi hijo y la de mi familia, ese diciembre pude ver a mi hijo. Estábamos reunidos en casa de mi madre, con mis hermanos y mi hijo llegó con un familiar… al verlo, el corazón se me quería salir, era ya un jovencito un poco más alto que yo, con voz gruesa, **lo abracé con todas mis fuerzas** mientras lloraba, le dije lo mucho que lo quería y lo extrañaba… todos lloramos, mi madre, mis hermanas, fue un conmovedor y hermoso reencuentro. Mi hijo nos dijo que seguiría visitándonos.

Para el mes siguiente (en enero), fui al monasterio de los Taoístas ubicado en Norte de Santander (Colombia), un lugar lleno de vegetación, donde se puede respirar paz, amor, **una vibración espiritual** diferente y hermosa, en ese lugar los monjes que allí viven, se levantan a las 3:30 am, hora en la que se respira el "prana" (maná de Dios), a esa hora se hacen oraciones y cantos de alabanza a Dios. Durante los 3 días que estuve allí, me levantaba muy juiciosa a esa hora, para orar con toda mi fe, por una petición en particular, le pedía a Dios **"sanar el corazón de mi hijo y poder volver a compartir con él como madre e hijo".**

Justo el día en que salí del templo de regreso a mi casa, recibí una llamada inesperada, al otro lado del teléfono escuché la voz de mi hijo que me decía: — ¿mami está en la casa?, voy en un taxi, me voy a ir a vivir con usted... (con mi mirada hacia el cielo) agradecí a Dios, fue su obra, su milagro, no veía la hora de tener a mi hijo en casa.

Recibí a mi hijo con todo el amor de una madre, con el traía un cachorrito, resultó que el padre de mi hijo se fue a vivir a otro país, mi hijo se quedó viviendo con la abuela paterna, pero la convivencia fue imposible, no le querían dejar tener el perrito. Ya mi hijo tiene 18 años, está haciendo una carrera profesional, vive conmigo y la relación es muy buena.

Puedo decir que sufrí mucho, **hay diferentes tipos de dolor**, también puedo decir que aprendí que por encima de un hombre o de una aparente comodidad, siempre deben estar nuestros hijos, que cuando las puertas se me cerraron, creyendo que la solución era irme "me equivoqué", hay hombres muy buenos, pero también hay hombres que no tienen corazón; la vida es una escuela y a veces **nos toca aprender de nuestros errores.**

A todas las mamitas que Dios las guíe... **paz y luz.**

¡Anónimo!

Aunque el duelo que vivió la autora del testimonio anterior no es un duelo por la muerte de un ser querido, sino la pérdida de un hijo a causa del secuestro que hizo el padre del menor, ella también enfrentó una perdida y vivió el proceso de duelo.

A continuación, dejo los concepos y recomendaciones para vivir los diferentes tipos de duelo, incluso un duelo por abandono de la pareja.

La tristeza que se experimenta al enfrentar la pérdida de un ser querido es una respuesta natural y comprensible ante una experiencia dolorosa.

La pérdida de un ser querido, ya sea un amigo, un miembro de la familia o alguien cercano, puede ser una de las experiencias más difíciles de la vida.

- Es normal sentir tristeza: La tristeza es una respuesta emocional natural ante la pérdida. No hay un plazo específico para el duelo, y cada persona lo vive de manera única.

- El duelo es un proceso: El proceso de duelo puede incluir una serie de emociones y etapas, que pueden variar de una persona a otra. Estas etapas pueden incluir negación, enojo, tristeza, aceptación y finalmente encontrar una forma de seguir adelante.

- Permítete sentir: Es importante permitirte sentir la tristeza y otras emociones que surgen durante el duelo. Negar o reprimir las emociones puede prolongar el proceso de duelo.

- Busca apoyo: Compartir tus sentimientos con amigos y familiares puede ser reconfortante. También puede ser útil buscar apoyo adicional de un terapeuta o consejero, especialmente si sientes que la tristeza es abrumadora o persistente.

- Auto-cuidado: Durante el duelo, cuidar de ti mismo es esencial. Esto incluye descansar, comer adecuadamente y hacer ejercicio cuando puedas. También es importante evitar el abuso de sustancias.

- Celebrar los recuerdos: Honrar y recordar a la persona que has perdido puede ser una parte importante del proceso de duelo. Esto puede incluir recuerdos y compartir historias.

- Tiempo y paciencia: El proceso de duelo lleva tiempo, y es importante tener paciencia contigo mismo. No te apresures ni te presiones para "superar" la pérdida en un plazo determinado.

➢ <u>Considera el apoyo profesional</u>: Si la tristeza es abrumadora o dura mucho tiempo, o si tienes dificultades para llevar a cabo tus actividades diarias, es importante buscar ayuda profesional.

Recuerda que el duelo es un proceso individual y no hay una forma "correcta" de hacerlo. Cada persona lo vive a su manera y a su propio ritmo. Lo más importante es cuidarte a ti mismo, buscando el apoyo que necesitas durante este tiempo difícil. Todo esto también hace parte de estar vivo, lo más importante es entender el manejo n de las emociones (ver capítulo 6).

"La mayor gloria de la vida, no reside en no caernos nunca, sino en levantarnos cada vez que caemos"

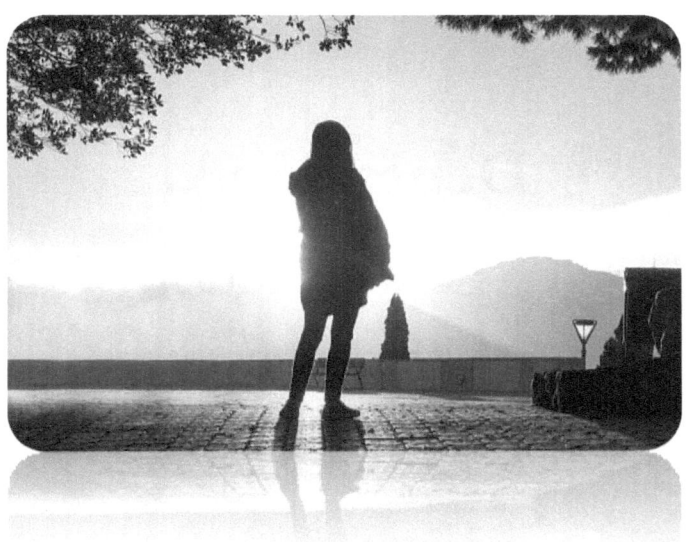

Depresión...
¡Te vencí!
"No hubo tiempo para la tristeza"

CAPÍTULO 10

CARÁCTER

Nací el 10 de mayo de 1951 en el Quindío. Soy una mujer apasionada, alegre y positiva; a la edad de 19 o 20 años, empecé unión libre con un hombre, el cual creí que era el amor de mi vida, con el tuve 4 hijos maravillosos, pero él era violento, rudo, posesivo, machista, egoísta y borracho, viví con él por 16 años.

Al transcurrir el tiempo yo me encontraba cansada, maniatada, aburrida, me quería ir, salir corriendo, dejarlo. No dejaba de pensar que tenía mis hijos (que eran 4) ... ¿para dónde podía irme con 4 niños? y me llenaba de angustia.

Sentía que todas las puertas estaban cerradas, no veía la salida.

Un día cualquiera una amiga me presto un libro y me dijo:

— ¡Léalo! que ahí está la solución, confíe en Dios. Todo tiene una salida y para adelante.

Yo lo pensé mucho antes de abrirlo, a los dos días lo abrí y comencé a leerlo... oh sorpresa ¡me encantó!

El libro se trababa de tener carácter, que cuando uno toma una decisión es definitiva y que no es ¡NO!
Me perdí en sus páginas por muchos días mientras planeaba mí huida de ese lugar tan tormentoso, no solo para mí sino también para mis pequeños traviesos.

En ese libro dieron un ejemplo "de una señora que tenía un carro y en la cuadra donde vivía tenía dos amigas, al pasar dos meses, la señora ya no tenía tiempo para ella porque se lo pasaba manejándole a sus amigas y ella aprendió que cuando era no… era ¡NO! y funcionó, se dedicó a ella, a sus cosas y la amigas dejaron de agobiarla".

Mi sueño era estudiar psicología, no tenía dinero para la universidad, pero lo primero era aprender a tomar una decisión, tener carácter y así fue.

Mi situación no era fácil: me levantaba a las 4 de la mañana (para ese entonces solo tenía 2 niños), los organizaba, desayuno y para el colegio; volvía a hacer oficio, el almuerzo, luego volvía a recoger los niños y en las tardes tareas con ellos, me sentía como atada, si los cuidaba no podía trabajar; pero estaba decidida a no aguantarme más a ese hombre, que se había convertido en mi peor pesadilla.

Tomé la decisión de empezar a cambiar mi vida, planeando como irme de esa situación. Comencé por estudiar peluquería, así pasaron 2 años más y con ellos nacieron mis otros dos hijos.

Me sentía más fuerte anímica y espiritualmente, tenía más fe, hasta que llegó la hora de tomar la verdadera decisión.

Me separé y continué mi vida sola con mis 4 hijos, luchando a sol y sombra, pero tranquila y más feliz; mis hijos son maravillosos y eran **"mi motivación"**.

"Luché por mis hijos y por mí misma con todas mis fuerzas"

El padre de mis hijos se enojó mucho conmigo, se dio cuenta que de verdad las cosas habían cambiado, yo le hice ver que aquella mujer quedó atrás… frente a él ya había otra, fuerte, decidida a no dejarse maltratar nunca más, dispuesta a todo contra todo.

"Fue difícil, pero lo logre".

Sandra M. Ramírez Hernández.   Depresión... ¡te Vencí!

Como vivíamos en Bogotá, decidí venirme a Pereira con mi mamá, mi hijo de un año y dejé los 3 niños grandes estudiando, saqué fuerzas de donde no tenía para ese nuevo comienzo, sabiendo que debía sepárame de ellos, pensando que era por el bienestar de todos.

Empecé a trabajar y a estudiar el bachillerato, con mucho esfuerzo y dedicación me gradué, aún sigo cumpliendo sueños, mis niños ya han crecido y son muy buenos hijos.

A las mujeres que viven situaciones similares les digo:

Les cuento mujeres hermosas que en este momento tengo 62 años, no me siento vieja, al contrario, me siento joven y bella **gracias a Dios**...

... ¡Ustedes pueden, todas podemos!

¡Anónimo!

Es importante reconocer los signos de la violencia de género para poder buscar ayuda y protección si te encuentras en una situación de este tipo. Aquí hay algunas señales que podrían indicar que eres víctima de violencia de género:

- ✓ Violencia física: Esto incluye golpes, patadas, estrangulamiento, empujones u otras formas de agresión física por parte de tu pareja o expareja.

- ✓ Violencia verbal o emocional: Insultos, humillaciones, amenazas, gritos y control emocional constante son formas de abuso verbal o emocional. La manipulación emocional también puede ser una señal.

- ✓ Violencia sexual: La coerción sexual, el abuso sexual o las relaciones sexuales forzadas constituyen formas de violencia sexual. El consentimiento debe ser libre, informado y mutuo en todas las relaciones sexuales.

- ✓ Control y aislamiento: Si tu pareja intenta controlar todos los aspectos de tu vida, como aislarte de amigos y familiares, controlar tus finanzas o limitar tu acceso a recursos, esto podría ser un signo de violencia de género.

- ✓ Amenazas y acoso: Las amenazas de daño físico o emocional, el acoso constante, el monitoreo de tus actividades y el seguimiento en línea son señales de violencia de género.

- ✓ Manipulación económica: Si tu pareja te controla económicamente, limitando tu acceso a dinero, forzándote a renunciar a tu trabajo o negándote recursos financieros, esto puede ser una forma de abuso.

- ✓ Aislamiento social: Si te sientes cada vez más aislada de amigos y familiares debido a la influencia de tu pareja, es un signo de violencia de género.

- ✓ Cambios en la autoestima: La violencia de género puede erosionar tu autoestima y confianza en ti misma. Puedes empezar a dudar de tus propias decisiones y sentirte sin valor.

- ✓ Miedo constante: Si vives con miedo constante a tu pareja o expareja, esto puede ser un indicador de violencia de género.

- ✓ Lesiones físicas o heridas frecuentes: Las lesiones físicas repetidas o inexplicables son una señal evidente de violencia física.

Si experimentas uno o varios de estos signos y sospechas que eres víctima de violencia de género, es importante buscar ayuda y apoyo. Puedes comunicarte con organizaciones locales de apoyo a las víctimas de violencia de género, como refugios, líneas de ayuda o centros de atención. Hablar con amigos y familiares de confianza también puede ser útil.

Recuerda que no estás sola y que hay recursos disponibles para ayudarte a salir de una situación de violencia de género y proteger tu seguridad y bienestar.

"Solo debes tomar la decisión de no vivir más esa situación"

Depresión...
¡Te vencí!

"No hubo tiempo para la tristeza"

"Tenemos que ser fuertes, decididas; sobre todo, tener amor propio y mucho carácter"

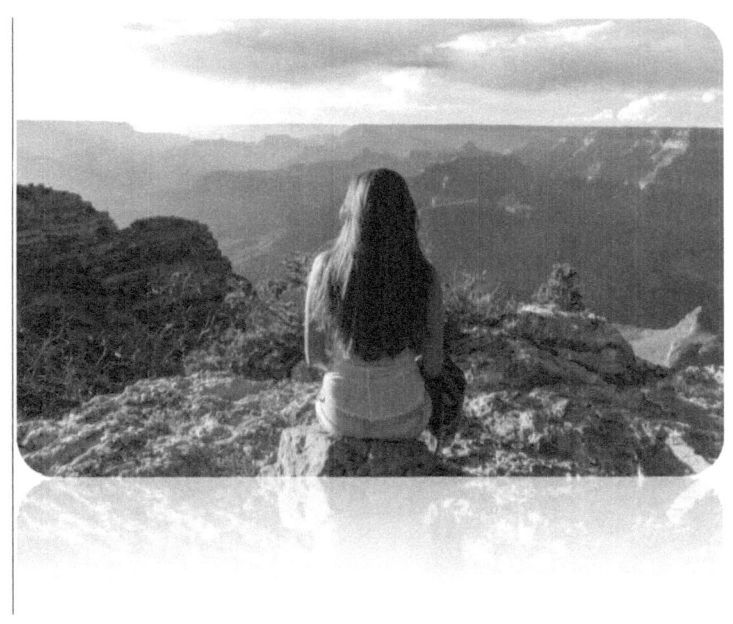

Depresión...
¡Te vencí!
"No hubo tiempo para la tristeza"

Depresión...
¡Te vencí!
"No hubo tiempo para la tristeza"

CAPÍTULO 11
AMOR Y DOLOR

Les voy a contar la historia de mi hermana.

Desde los trece años mi hermana mantuvo una relación con alguien, estaba totalmente enamorada (jamás he visto a nadie más enamorado que ella), de ese hombre,

Fueron novios desde los 13 años hasta los 16, él la dejó porque no aguantó la presión de la familia, ella totalmente destrozada se dedicó a tomar, bailar, etc.

A los 19 años conoce a alguien y se casa. En el momento del matrimonio ella lo llamó y le dijo que, si él le pedía que no se casara, ella no lo hacía, pero para su desilusión él le respondió:

— No me importa hágalo.

Ella se casó y tuvo un hijo de ese matrimonio. No le fue bien y se separó.

A los dos años el ex novio (su gran amor) apareció de nuevo, entablaron una relación y desde ese momento inició su gran tormento.

Ella feliz de tenerlo, sin saber que ahí empezaría su dolor. 16 años desde ese entonces. Él la alejó de la familia, la prostituyó, tuvieron dos hijos más; ella desesperada por la vida que llevaba, decide contarme todo lo que estaba pasando (bueno una parte); en ese entonces yo vivía en Bogotá, no sabía la realidad de lo que estaba pasando.

Decido regresar, me doy cuenta que mi hermana ya era una persona con la mirada más triste del mundo, me cuenta su vida, que aunque llena de cosas materiales y una vida económicamente muy buena, por dentro ella no tenía nada, la analizo, me dedico a mirar bien, a tratar de ayudarla; ella me cuenta cosas horribles, incluso hasta la drogaba para que ella se metiera con otros hombres; porque cuando ella decidía no acceder a lo que él le decía, no la tocaba, no la miraba como mujer, este hombre le decía que a él le gustaba que ella se acostara con otros hombres, para él sentir deseo y cada cosa que ella me contaba me desgarraba el corazón.

"No es justo que un hombre le pueda dañar la vida a una mujer desde tan temprana edad"

Ella se alejó de la familia mientras yo la trataba de convencer, que eso no era amor, ese hombre simplemente quería satisfacer sus locuras, pasando por encima de lo que ella sentía por él.

Él hasta le propuso que para que no se volviera acostar con nadie se acostara con nuestro padre… pensar que casi lo hace para satisfacer a ese tipo y tener un hogar "supuesto hogar perfecto", pero eso no era así.

"Él es un loco que dañó lo más puro que ella le pudo entregar su amor verdadero"

Después de mucho insistirle, ella decide dejarlo, renunciando a ese "amor tan grande que sentía", un amor que poco a poco se ha convertido en un gran desprecio. Ella en este momento está mal con psicólogo y hasta psiquiatra.

Cada día es un reto nuevo. Ese hombre no termina de hacerle daño, decidió decirle a todo el mundo que la había dejado a ella, porque era una prostituta y que no valía la pena.

Mi hermana (aunque en boca de todos), trata día a día de salir adelante, no ha sido nada fácil, aún hay muchas heridas por sanar, pero estoy segura que con la "verraquera" que ella siempre ha tenido en la vida para afrontar todas sus dificultades, así mismo saldrá de esta y nosotros como familia tratar de que ella salga adelante... con la fe puesta en Dios, que lo hará.

"Mujeres sean fuertes y tomen decisiones, traten de salir de esa vida, busquen ayuda de cualquier tipo espiritual o psicológica y salgan adelante, deseo que se llenen de lo bonito que tiene la vida"

Es lo que le digo a ella todo el tiempo.

Soy una hermana que también sufre por el dolor de ella.

"Mujeres nunca por ningún motivo permitan que un hombre las obligue a hacer cosas que vayan contra su moral o costumbres, un hombre así no vale la pena"

¡Anónimo!

Salir de una relación tormentosa, manipuladora y tóxica puede ser difícil, pero es un paso crucial para proteger tu bienestar y tu salud mental. Aquí hay algunos pasos que puedes seguir para salir de esta situación de manera segura y efectiva:

- <u>Reconoce la situación</u>: Acepta que estás en una relación tóxica y que es perjudicial para ti. A veces, reconocer la realidad es el primer paso para cambiarla.

- <u>Habla con alguien de confianza</u>: Comparte tus preocupaciones con amigos cercanos o familiares que te apoyen y te entiendan. El apoyo emocional es fundamental.

- Consulta a un profesional: Considera buscar la ayuda de un terapeuta o consejero especializado en relaciones abusivas. Pueden brindarte orientación y apoyo profesional para tomar decisiones informadas.

- Establece límites: Define límites claros con tu pareja y comunica tus necesidades y expectativas. Es importante ser firme en la defensa de tus límites.

- Planifica tu salida: Prepara un plan de seguridad antes de tomar medidas para salir de la relación. Esto puede incluir encontrar un lugar seguro para quedarte y asegurarte de tener recursos financieros disponibles.

- Mantén registros: Documenta cualquier evidencia de abuso o comportamiento manipulador, como mensajes de texto, correos electrónicos o incidentes físicos. Esto puede ser útil en caso de que necesites buscar ayuda legal.

- Rompe el contacto: Una vez que hayas decidido salir de la relación, intenta cortar todo contacto con tu pareja tóxica. Esto puede ser difícil, pero es esencial para evitar que continúe el abuso.

- Busca apoyo legal si es necesario: Si tienes preocupaciones sobre tu seguridad o necesitas ayuda para obtener una orden de restricción o custodia de los hijos, consulta a un abogado o a una organización de apoyo a víctimas de abuso doméstico.

- Enfócate en tu recuperación: Después de salir de la relación, es importante dedicar tiempo a sanar y reconstruir tu vida. Considera la posibilidad de recibir terapia o apoyo psicológico para superar el trauma.

- Rodéate de apoyo positivo: Establece conexiones con personas que te brinden un ambiente de apoyo y positividad. Esto puede ayudarte a recuperar tu autoestima y tu confianza.

Recuerda que salir de una relación tóxica puede ser un proceso desafiante, y es importante tener paciencia contigo misma. No estás sola, y hay recursos y personas dispuestas a ayudarte en tu camino hacia una vida más saludable y feliz. La seguridad es la prioridad número uno, así que asegúrate de tomar las precauciones necesarias y buscar ayuda cuando sea necesario.

Depresión...
¡Te vencí!
"No hubo tiempo para la tristeza"

"Amarnos a nosotros mismos, siempre es un antídoto para la depresión"

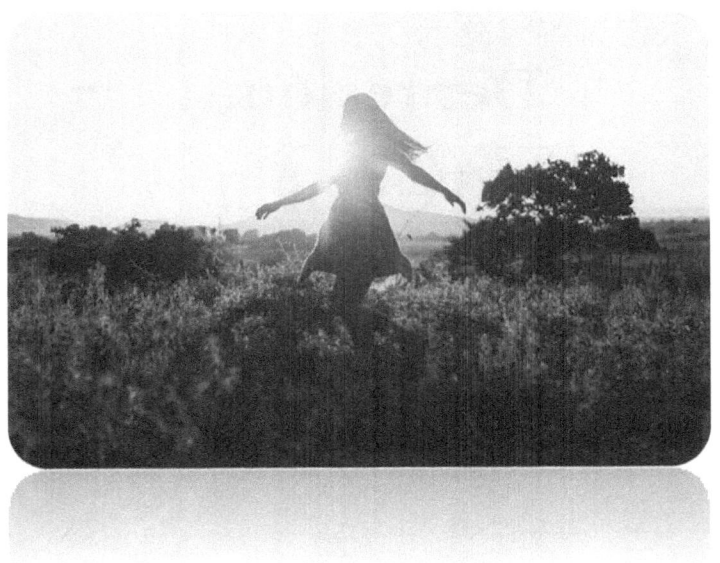

Depresión...
¡Te vencí!
"No hubo tiempo para la tristeza"

Depresión...
¡Te vencí!
"No hubo tiempo para la tristeza"

CAPÍTULO 12

TRANSFORMANDO MI VIDA

Es un gusto poder compartirles un poco de mi historia. En estos cortos renglones les quiero contar como ha sido mi experiencia durante este proceso, conviviendo con una ansiedad generalizada, no sin antes contarles un poco de quien soy, como transcurrió mi vida antes de recibir inesperadamente "la ansiedad".

Desde que puedo recordar, puedo contarles que tuve una niñez hermosa, una familia maravillosa, unos padres que se amaban desde lo más bello de su corazón y un hermanito, de quien sencillamente puedo contarles, ha sido mi gran acompañante de aventuras. Bien pueden saber ustedes que en cualquier hogar (por maravilloso que sea), siempre llega un momento de crisis... pues el mío no fue la excepción.

Todo inicio así, como un "sueño de cuentos de hadas" y un "despertar de terror". Quizás en su momento no tuvimos la capacidad de darle manejo a este tipo de crisis, tan solo estábamos acostumbrados a estar siempre en momentos de alegría, nunca imaginamos tener que enfrentarnos a situaciones así (o similares); muchas veces solemos pensar que jamás nos puede pasar, incluso podemos llegar a decir:

— eso solo le pasa a los demás a nosotros nunca.

¿Y qué tan equivocados podemos estar?... ¡Sí mucho!

Si no estamos preparados y abiertos a aceptar que desafortunadamente vivimos en una época tan posmodernista, en donde importa más el qué dirán los demás, que lo que desea realmente nuestro corazón, seguiremos equivocándonos una y otra vez, como les sucedió a mis padres.

Nunca tuvieron la capacidad de aceptar sus errores, tanto de una parte como de la otra, tan solo se resignaron a vivir una vida llena de mentiras y engaños donde aparte de hacerse daño a sí mismos, se lo hacían a sus hijos, quizá sin darse cuenta; un día nuevo, con cada amanecer, con cada atardecer, con cada noche que traía consigo, siempre escuchaba malas palabras, insultos constantes, golpes y más golpes, que se dirigían hacia objetos que sonaban fuertísimo y con los que mi corazón temblaba de miedo… de pánico. Solo anhelaba que las luces se apagaran para dormir y no seguir escuchando ese tipo de cosas que me atormentaban.

Entre mis 5 o 6 años (no lo recuerdo muy bien), comencé a sentir que algo faltaba en mí, me sentía sola, tan vacía; mi hermano al igual que yo, vivió a mi lado cada uno de estos momentos, sin poder escuchar de sus labios que sentía, o que pensaba, el solo se refugió en sí mismo, llenando su alma y su corazón de rencor, de rabia, como lo hice yo. Algo que jamás esperé recibir fue la explosión de rencor que mi hermano llevaba en su corazón, hacia mí. Cada día se agobiaba más y más al escuchar los malos tratos, los insultos, los desprecios de los demás, yo igual (o peor que él), hasta el momento no sé qué pensó ni que sintió en su corazón, solo puedo hablar de lo que sentía yo: miedo… y más miedo; solo quería cubrir mis ojos y mis oídos para no escuchar, ni observar nada de lo que ocurría en mi casa, pero ya no era suficiente, porque también tendría que cubrir mi cuerpo y mi rostro, para protegerme de los golpes, que de repente, tuve que recibir de mi hermano; cada instante para mí se reducía a un mundo lleno de miedos, sin esperanza, lleno de temores, de críticas.

"Fue un dulce sueño con un despertar de terror"… así lo llamo yo.

Recuerdo que, desde muy niña, calculando mal o bien, tenía entre los 13 y 14 años, cuando viví un suceso que me marcó y hasta hace muy pocos años le guarde rencor a mi mama por ello, no sintiéndome orgullosa de eso, y sin excusarme en pretextos baratos puedo contarles que fue una de las cosas que más me marco la vida. Fue para una noche de año nuevo, una casa muy grande, se componía de 3 apartamentos completamente independientes, siendo uno de ellos el nuestro, ubicado en todo el segundo piso; allí había una habitación (la recuerdo muy bien), habitación que mis padres le tenían rentada a un señor de edad… bueno y volviendo a esa noche, les puedo decir que no fue como las que todos los días soñamos tener muchos de nosotros, porque ya mi mama como mi papá tenían sus parejas por separado aun compartiendo un "hogar" junto a nosotros; mi hermano de igual manera ya tenía su novia.

Para esa nochebuena, recuerdo que los inquilinos del primer piso salieron de viaje a compartir junto a sus familias, al igual que lo hizo el inquilino de aquella pieza, lo cual nunca había pasado, pero que para esa noche decidió hacerlo; al igual que mi papá junto a su pareja para ese entonces (la cual es la misma que lo acompaña en la actualidad); mi hermano, que por supuesto, encontraban más atractivo compartir con su novia, que con cualquiera de nosotros, quedando completamente solas mi mamá y yo.

Mi mamá ya tenía su pareja, al igual que mi papá (como ya se los había contado). Faltando tan solo un par de horas para sonar las campanas de media noche y recibir un año nuevo, mi mamá tomó la decisión de ponerme a elegir entre ir con ella y celebrar con su nueva pareja, o quedarme sola; no sé si se imaginan que tomé la decisión de no ir porque no quería a ese señor, en ese momento no era la persona más agradable para mí y mucho menos con quien deseara compartir una fecha tan importante. Aun así, mi mamá tomo su decisión, su mejor opción fue pasar esa hermosa fecha junto a él, sin imaginarse como destrozaba mi corazón en mil pedazos. En cada campanazo que escuchaba de la iglesia, en cada pam, pam, pam, de la pólvora, mi alma se desvanecía al verme tan vacía en esa casa tan grande y yo tan pequeña, tan sola, con un corazón que ya venía desmigajándose por el dolor y la soledad.

Desde esa situación tan dolorosa, tomé la firme decisión de luchar por mi vida, sin darme cuenta la ruta tan equivocada que estaba por tomar en ese momento, estaba tan llena de rabia, de rencor, de resentimientos que le di cabida en mi vida a unos sentimientos que solo me encaminarían a un mundo, con el que en algún momento me estrellaría, sin tan siquiera imaginármelo. Hoy puedo hablar desde una perspectiva muy distinta de la vida, les puedo decir con toda seguridad, que, si le permitimos entrar en nuestro corazón sentimientos negativos, solo obtendremos resultados negativos, es por eso que hoy les puedo afirmar, que no hay razón o circunstancia (por difícil que sea), en la que le demos permiso a llenarnos de cosas, que, a la larga, solo nos hacen daño a nosotros mismos.

Desde entonces ya habiendo vivido cada uno de estos sucesos, me dediqué a trabajar el tiempo que me quedaba libre (luego de mi jornada estudiantil) y así ayudarme con los gastos de estudio y demás cosas que fuera necesitando durante ese tiempo. Me enfoqué en estudiar juiciosa, luchar por todos los sueños que tenía.

Recuerdo que cuando cumplí mis 13, mi mamá decidió irse sin dejar huella (fue tan difícil); fueron meses tan complicados para mí, todo se me recargo, los oficios de la casa, el trabajo, las tareas y claro los malos tratos de mi papá y mi hermano se habían multiplicado; recuerdo que mi papá me decía que yo era una alcahueta porque yo sabía dónde estaba mi mamá y con quién; la verdad es que no estaba muy equivocado, pero mi mamá ya me tenía advertida: — no puedes decir nada, si dices algo la única responsable eres tú. Era tan horrible sentirse así, en mis términos podría decir no tenía opción, porque por el lado de mi mamá siempre tenía una advertencia, como de parte de mi papá, era una encrucijada, me sentía en un encierro dentro de mí misma, sin saber qué hacer, tan solo era una niña y no tenía opción, más que obedecer a mis padres.

Al transcurrir de los años, todo continuó de la misma manera, un círculo entre cuatro, donde los únicos afectados fueron las personas que menos debieron serlo, quienes ocuparon el quinto y sexto lugar dentro de esta historia… mi hermano y yo; a quienes ya no nos afectaba igual (o eso pensábamos nosotros).

Llego el grandioso día "mis 15 años", el más añorado por nosotras las mujeres en esta etapa de la vida, para ese entonces mi mamá ya había regresado junto a nosotros, trayendo como regalo una hermosa bebe que había dado a luz regresando a casa, luego de haberse apartado de nosotros durante unos meses, una bendición que había llegado a devolvernos un poco de alegría a nuestra vida. Cada vez tratábamos de superar poco a poco todos los trances por los que habíamos pasado y disfrutábamos de cada momento; mis 15 años una noche fenomenal, comida a montones, mis amigos y yo nos divertimos como nunca, los edecanes, todos sin excepción se veían bellísimos, con sus trajes elegantes de marineros, me sentí como toda una reina cuando me anunciaron y ellos me esperaban en una marcha espectacular... realmente fue una fecha inolvidable.

Ya en mi adolescencia seguía tan juiciosa como siempre, nunca mi mamá tuvo queja sobre mí, por parte del colegio o de alguien más, siempre fui muy enfocada, muy disciplinada, jamás tuve novios en el colegio, nunca me gustaron ese tipo de cosas, pero ya faltando 6 meses para graduarme conocí un hombre particular, no pertenecía al colegio.

Me parecía horrible ese hombre, me río al contarles esto, porque de ahí la gran frase que dice "al que no le gusta, se le dan dos tazas", Juan Andrés, este es (o era) su nombre, no lo sé, Bueno, de él les puedo contar que era la traga maluca de la hija de mi madrina (que para ese entonces tenía la misma edad mía), pero no precisamente por lo guapo, si no por el dinero que manejaba todo el tiempo, ella estaba deslumbrada, yo la verdad no la entendía, no entendía cómo se podía humillar por él, lo digo porque el interés solo se veía de parte de ella, mas no dé el.

Bueno, ustedes se preguntarán quien fui yo en medio de esta historia, pues les cuento que yo tan solo fui quien le acompañaba, como una hermanita que la cuidaba, la aconsejaba siempre, pero solo hasta antes de que sucediera lo que jamás debió pasar; resulta que salió un viaje para Villavicencio, viaje del cual yo no tenía conocimiento con quien era, ya que mi madrina había estado en mi casa pidiendo permiso para mí, pero para ir a pasear a una finca, donde una hermana de ella (allí ya había estado unos meses atrás), sin contar con que el dichoso viaje no era para el lugar que le habían dicho inicialmente a mi mamá, si no que era para acompañar a Viviana su hija, porque se había querido ir con el "famoso Juan" y otro amigo, que por cierto era un gran ser humano, me acuerdo que le decíamos "mogolla" de cariño.

Por miedo a dejarla ir sola. Me había expuesto a mí de la misma manera; lo cierto fue que el viaje se realizó, llegamos a un hotel hermosísimo, almorzamos, todo muy bonito; ellos realmente muy respetuosos nunca se sobrepasaron con nosotras. Ya en la noche ellos salieron dejándonos solas en el hotel, pero yo como siempre con mi desconfianza, les quité las llaves de los carros y los documentos de uno de ellos, por si pretendían dejarnos solas en esa ciudad, que por lo menos para mí era desconocida y muy lejana de mi casa; ya llegada la noche yo me acosté a descansar, observando como Viviana se desvelada esperando a que regresaran. Entrada ya las 3 o 4 de la mañana (no lo recuerdo muy bien), ellos volvieron un poco tomados, entrando a la habitación recuerdo, me pareció tan horrible la actitud de Viviana, que viendo como Juan se había acostado en su cama, ella sin respeto por sí misma, se le acostó a su costado, aun sabiendo que él no quería nada con ella.

No me van a creer ustedes que me indispuse tan fuerte, cuando desperté, lo único que me acuerdo que hice, fue gritar a Juan para que me ayudara y me trajeran algo, estaba con 38 de fiebre, cosa que tengo que agradecerle porque realmente estuvieron muy al pendiente de mí; bueno, ya para terminar de contar esta historia con Juan, voy a decirles que pasó luego de que me recuperé, las medicinas me ayudaron muchísimo "me levantaron", el efecto fue milagroso y ¡a disfrutar se dijo!, nos pusimos bellas. Viviana salió primero que yo a la piscina. Cuando salí, ellos estaban disfrutando, tomando cerveza; con lo que yo no contaba era que ese hombre (Juan), al verme iba a quedar encantado (no lo digo por presumida o vanidosa), realmente fue así; no tenía el cuerpo más voluptuoso, siempre he sido delgada, pero realmente tenía un cuerpo hermosísimo. Recuerdan que les conté, que yo a ese hombre le tenía pereza, pues bueno ese día más pereza y fastidio le cogí, no se apartaba de mi lado, ni un solo instante y así me lo tuve que soportar mientras se acabara el viaje, no le importaba lo que le dijera, porque más intenso se volvía.

Así fue durante todo el viaje.

De regreso nuevamente en Bogotá, se pueden imaginar que regresé con un intenso a cuestas y con dos enemigas a bordo… ¿Quiénes?... Viviana que me gritaba que yo le había quitado el novio, cuando yo en realidad estaba pidiendo auxilio para zafarme de él, mi madrina porque ya lo tenía como yerno seguro; en fin, otro caos que me había ganado sin buscarlo, porque si yo había ido a ese viaje, no era por mí, sino por cuestiones de mi madrina; lo cierto fue que en medio de todos estos problemas, Juan seguía y seguía molestándome, me hacía hermosos detalles, me esperaba sin falta a la salida del colegio para llevarme a almorzar, me decía cosas hermosas, que pese a la pereza que le hubiese tenido y a la diferencia de edad (porque les cuento yo apenas tenía 17 años y él ya estaba en sus 38), aun así... me enamoré como loca. Bueno, en este momento no sé si fue realmente amor, o tan solo un escape a la vida que llevaba en mi casa en ese entonces, lo único real y verdadero fue que le entregué lo mejor de mí, fue mi primer amor y hoy no tengo nada que reprocharle, pese a sus mentiras de las cuales me fui enterando al paso de los años, de lo mucho que me expuse junto a él, sin saber a qué se dedicaba realmente y el porqué de su dinero en abundancia, pese a todo esto puedo asegurar que fue el amor más inocente y hermoso que haya podido vivir, en medio de mi madurez forzada cuando lo conocí y empecé a descubrir un mundo distinto, me di cuenta de la inocencia que aun guardaba mi corazón.

Ya habiéndoles contado un poco de mi niñez y mi adolescencia quiero contarles quien ha sido participe de un cambio muy grande en mi vida y como la he llevado desde que llegó a mi vida.

Desde que tuve la fortuna de conocer a Jhon Jairo Valencia, de esto hace ya 14 maravillosos años, tengo la alegría y la dicha de contarles que él ha sido el autor de un cambio radical en mi vida; en primer lugar, fue quien me levantó después de caer con la decepción tan grande que tuve con el primer amor de mi vida, que ya ustedes muy bien lo conocen... ¿verdad?

Nuestro noviazgo no fue como suelen ser comúnmente, me divierto cada vez que le cuento a alguien esta historia porque realmente inicio de una manera que no es usual, resulta que en el lugar donde yo laboraba en ese entonces, por coincidencia él patrullaba por esa zona de Bogotá, una tarde de trabajo, me acuerdo muy bien que fue un sábado, estábamos con mis compañeros y mis jefes tomándonos unas cervezas, opinando entre quienes deben de buscar más, si los hombres a las mujeres o viceversa, cuando de la nada va llegando el hombre en cuestión (Jhon Jairo), y así de la nada entramos en una polémica él y yo, en la que yo defendía mi posición y él la suya, así fue nuestra presentación.

Ya al día siguiente lo recibí de visita en la oficina con la invitación de ir a tomar un café, así pasaron varios días con una sencilla invitación a tomar café, hasta que yo si le dije literal sin omitir vocal: — ¿no sabes invitar otra cosa que no sea café?... ahora al recordar nos reímos mucho, pero realmente en su momento fue una grosería de mi parte, si quieren que les cuente un secreto la verdad es que no me terminaba de convencer, había algo que no me simpatizaba... y todavía no sé ni que era; si en ese entonces no logré descubrirlo ahora menos, que lo veo con los ojos de un corazón muy enamorado. Después de 5 o 6 invitaciones a tomar café y unas deliciosas donas, hoy es mi bello esposo.

Mi vida junto a él ha sido un tornado de aventuras, hemos conocido cantidad de lugares y vivido experiencias tan únicas, junto a él he tenido la oportunidad de ver un mundo completamente distinto, al que años atrás había tenido que llevar, todo completamente opuesto, todo es solamente amor, respeto, apoyo, comprensión, a medida que vivía cada una de estas cosas maravillosas, yo hacía mi mayor esfuerzo por olvidar cada uno de los momentos desagradables que ya había vivido en el pasado; pero la realidad es que aun con la vida tan maravillosa que llevaba en ese momento con mi amor, sonreía siempre, pero no haciéndolo desde el alma, porque aun albergaba en mi corazón todos y cada uno de los sentimientos muy dentro de mí y los cuales aún no había tomado la decisión de soltar, esos que ya les había contado "sentimientos que tan solo nos lastiman a nosotros mismos".

Nuestra relación era y aún es muy bonita, pero como todo también tuvo sus momentos de crisis, debido al trabajo que el manejaba en ese entonces, la mayor parte de su tiempo la pasó siempre apartado de nosotros, fueron 8 años de 15 que tenemos de casados, en la que solo tuvimos la oportunidad de disfrutar juntos, 8 meses; era un solo mes por año en el que podíamos compartir como familia. Esta situación para mí se había convertido en un reto, la crianza de mi primer hijo sola (el barón quien es el mayor de los dos), soportando humillaciones por parte de mi mamá, porque, aunque vivíamos separadas, tenía que valerme de ella para el cuidado de mi hijo mientras yo trabajaba, la rebeldía de mi hijo y el vacío tan grande que tenía mi corazón aún, al sentirme tan sola frente a todo lo que estaba viviendo en ese momentos.

Mis días transcurrían junto a mi bebé, quizá no de la manera más sencilla, pero de algo si puedo estar segura, es que tratábamos de disfrutar de una forma maravillosa, con todas las bases de respeto, comprensión, apoyo, mucho amor y lo más importante (quizás en ese momento para mí), el perseverar y luchar porque confiaba siempre en que todo iría cambiando para mejorar cada día.

Y realmente así sucedió, el tiempo trae consigo sus bendiciones y todo fue mejorando, este hogar ha sido caóticamente bello y quienes nos conocen pueden contar el maravilloso matrimonio que tenemos en la actualidad, claro está no es un hogar perfecto, **es un hogar como muchos, pero resistente como pocos**, pese a cada uno de sus altibajos, pero siempre "cayendo de pie y con estilo" (famosa frase de una serie animada).

Les puedo contar algo que aunque fue una de las razones, por las que por poco hace que nuestro bello hogar termine, fue tan irónica, luego de haber deseado tanto esa tan anhelada pensión de mi esposo, llega el grandioso día (recuerdo 14 de diciembre de 2018) **"notificación escrita"**, fue el regalo más maravilloso que hayamos podido recibir, la dicha nos embargó por completo, nos olvidamos de todo durante los dos primeros meses luego de su pensión (enero y febrero), queríamos solo dedicarnos a descansar, a recuperar un poco del tiempo que se había perdido a causa de la distancia.

Ya para el mes de marzo y mitad de Abril, tuvimos una crisis súper difícil, "crisis invasiva" así le llama nuestra psicóloga, ya que al nunca haber estado constante con nosotros, Juan al llegar a nuestras vidas permanentemente, lo veíamos como un intruso; así nos lo explicaba, Iris Pulido, una gran profesional y un ser humano fenomenal a quien le agradezco toda la compañía que me brindo desde la crianza de mi primer hijo y los procesos en mi relación.

Ya cuando estábamos superando esta crisis tan horrible, lo digo de esta manera porque realmente lo fue, llega a mi vida y sin previo aviso la situación quizás más difícil que en ese momento hubiese podido imaginar:
— ¡TOC! ¡TOC! "Aquí estoy… tu ansiedad generalizada".

Esta es quizá la visita más complicada y perturbadora que podemos recibir, recuerdo como si fuera ayer todos los cómplices que traía consigo, un escalofrió que recorría todo mi cuerpo, un centenal de hormigas que hacían vibrar mi cuerpo (así lo sentía en ese momento), recuerdo que observaba mi cuerpo para ver qué era lo que realmente me sucedía, de repente no podía respirar bien, el aire de mis pulmones me abandonaba por minutos, esos que para mí se hacían horas, esos tan desagradables vómitos, que me acompañaron siempre, una infinidad de cosas que me sucedían, a las cuales no encontraba una sola respuesta; un pánico aterrador, sentía temor de salir de la cama, mi mente se llenó de pánico, de terror, de miedo… un miedo que me llevó a pensar que me estaba enloqueciendo… que estaba perdiendo la razón.

Una situación que estaba descompensando no solo mi vida, si no la de mi núcleo familiar. A causa de no hallar razón para lo que sentía decidieron llevarme para estudios médicos, donde me realizaron todo tipo de exámenes descartando cualquier tipo de enfermedad física, llegando a la conclusión de una "inestabilidad emocional", siendo remitida de inmediato con psiquiatría. Desde ese momento y a partir de las charlas con el psiquiatra, pude ir entendiendo que era lo que me ocurría. Ya son 3 años y medio en los que aun convivo con esta ansiedad, una visita bastante incómoda con cada uno de sus acompañantes; muchas veces subestimamos una depresión o una ansiedad, o sencillamente nos vamos a la negación con una frase "Yo no estoy loco".

Realmente les cuento desde la experiencia, una de las situaciones que más atormenta a la humanidad, son los problemas emocionales, ¿por qué tantos conflictos, suicidios, falta de comprensión?

Recuerdan unos renglones atrás, donde les contaba sobre unos sentimientos que albergaba aun en mi corazón, pues bien, ellos son los que han causado este caos, pero no por ellos mismos, si no por mí misma, porque fui yo quien les abrió las puertas de mi vida y de mi corazón para que la atormentaran. Al día de hoy, año actual 2021, soy más fuerte, he transformado mi vida a pasos agigantados, convirtiéndome en una Administradora de Empresas, que ha vencido uno y mil obstáculos, empezando por esos miedos que aún me atormentan, pero de los que tengo claro, no son ni serán más fuertes que yo; rodeada de personas maravillosas que llegaron a mi vida en medio de este proceso, como lo fueron los profesores que me regalaron bases maravillosas, consejos que tomé y que hoy día pongo en práctica, palabras que me hacen un ser humano cada vez más bello tanto para mí misma como para los demás;

porque si aprendemos **a perdonar y alejar** cada uno de esos sentimientos desagradables, sabemos liberar eso que nos reprime, **podremos ser ¡libres!**… les doy garantía de ello.

Solo somos seres humanos, tan sensibles como fuertes, la vida misma nos puede enseñar, muchas veces de maneras tan dolorosas, que nos estamos equivocando en el camino, solo hay que detenernos por un instante y fijar la mirada en que estamos haciendo mal, dar un giro a ello, para que nuestro camino, cada vez que lo crucemos, no tenga menos obstáculos, si no que nosotros mismo tengamos la sabiduría y la fortaleza emocional para saber atravesarlos, superarlos, sin quedarnos estancados en un lamento, o una resignación absoluta llena de críticas y juzgamientos contra nosotros mismos.

Toda ansiedad, depresión, tristeza, o circunstancia difícil se puede superar, recuerda que somos tan solo seres humanos y esto hace parte de nuestra vida; la decisión de dejarnos arrastrar de ellas o salir victoriosos frente a cualquier situación, depende solo de nosotros.

Canalizar lo que pensamos y hasta donde queremos llegar, es nuestra responsabilidad.

Las decisiones fáciles no son precisamente las correctas, las que se ven aún más difíciles son las que realmente valdrán la pena.

¡Lucha, enfréntate a tus miedos, arriésgate por ser feliz!, no te detengas por el que pensarán de ti, recuerda que es tu vida solo tuya, **¡ámate!** y ese amor solo, se reflejará hacia los demás.

Sí se puede vencer la ansiedad y aunque todavía ella me visita por periodos, puedo decirles que sus visitas son ya más leves y llevaderas; mediante mi proceso para dejarla atrás, ha sido una mejoría en un 90 % sin ningún tipo de medicación, solo con la compañía de Dios a cada paso, mi control, poder emocional y la asesoría adecuada.

"**Todo se puede si lo anhelas desde el corazón**"

¡Anónimo!

La ansiedad es una respuesta natural y normal del cuerpo a situaciones de estrés, peligro o preocupación. Es una emoción que todos experimentamos en algún momento de la vida. La ansiedad puede manifestarse como un sentimiento de inquietud, nerviosismo, miedo o aprehensión ante situaciones desconocidas o desafiantes.

Cuando la ansiedad es ocasional y proporciona un impulso para enfrentar situaciones estresantes, es una respuesta saludable. Sin embargo, cuando la ansiedad se vuelve excesiva, persistente y desproporcionada en relación con la situación o interfiere significativamente en la vida diaria, puede considerarse un trastorno de ansiedad.

Los trastornos de ansiedad son condiciones médicas que afectan a millones de personas en todo el mundo. Algunos ejemplos de trastornos de ansiedad incluyen:

- ✓ Trastorno de ansiedad generalizada (TAG): Se caracteriza por una preocupación excesiva y persistente acerca de situaciones cotidianas, a menudo sin una causa aparente.

- ✓ Trastorno de pánico: Implica ataques de pánico repentinos e intensos, acompañados, de síntomas físicos y emocionales graves, como palpitaciones, sudoración y miedo intenso.

- ✓ Trastorno de ansiedad social: Implica un miedo intenso a situaciones sociales o de actuación en público, lo que puede llevar a la evitación de estas situaciones.

- ✓ Trastorno obsesivo-compulsivo (TOC): Caracterizado por pensamientos obsesivos no deseados y compulsiones repetitivas que una persona siente la necesidad de realizar para aliviar la ansiedad.

- ✓ Trastorno de estrés postraumático (TEPT): Se produce después de haber experimentado un evento traumático y se caracteriza por síntomas como flashbacks, pesadillas y ansiedad constante.

✓ Fobias específicas: Miedos intensos y excesivos a objetos, situaciones o animales específicos.

El tratamiento de los trastornos de ansiedad a menudo implica terapia, medicamentos o una combinación de ambos, según la gravedad y la naturaleza del trastorno. Si crees que puedes estar experimentando síntomas de un trastorno de ansiedad que afecta tu calidad de vida, te recomiendo buscar la ayuda de un profesional de la salud mental para un diagnóstico y tratamiento adecuados.

El trastorno de ansiedad generalizada (TAG) es un trastorno de ansiedad crónico caracterizado por una preocupación excesiva y persistente acerca de una variedad de eventos y situaciones, incluso cuando no hay una causa evidente para preocuparse. Las personas con TAG tienden a anticipar lo peor en muchas áreas de sus vidas, lo que les provoca una gran ansiedad.

Algunos de los síntomas comunes del TAG incluyen:

✓ Preocupación excesiva: Las personas con TAG tienden a preocuparse de manera constante y desproporcionada sobre una amplia gama de temas, como el trabajo, la salud, las relaciones y otros aspectos de la vida cotidiana.

✓ Inquietud: Pueden sentirse intranquilas, nerviosas o tensas la mayor parte del tiempo.

✓ Fatiga: La preocupación constante puede ser agotadora y llevar a la fatiga crónica.

✓ Dificultad para concentrarse: La ansiedad puede hacer que sea difícil concentrarse en las tareas y actividades diarias.

✓ Irritabilidad: Las personas con TAG a menudo se sienten irritables debido al estrés constante.

- ✓ <u>Tensión muscular</u>: La ansiedad puede provocar tensión muscular y molestias físicas.

- ✓ <u>Problemas para conciliar el sueño</u>: Muchas personas con TAG tienen dificultades para dormir debido a la preocupación constante.

- ✓ <u>Síntomas físicos</u>: Pueden experimentar síntomas físicos como sudoración, temblores, palpitaciones y molestias gastrointestinales.

El TAG puede tener un impacto significativo en la vida cotidiana, ya que la preocupación constante puede dificultar el funcionamiento normal en el trabajo, en las relaciones y en la salud en general.

El tratamiento del TAG suele incluir terapia psicológica, como la terapia cognitivo-conductual (TCC), que ayuda a identificar y cambiar patrones de pensamiento y comportamiento negativos, y en algunos casos, medicamentos antidepresivos o ansiolíticos bajo la supervisión de un médico.

Si crees que podrías estar experimentando síntomas de trastorno de ansiedad generalizada, te recomiendo buscar la ayuda de un profesional de la salud mental.

El tratamiento adecuado puede ayudarte a manejar y reducir los síntomas de ansiedad y mejorar tu calidad de vida.

Depresión...
¡Te vencí!

"No hubo tiempo para la tristeza"

"Nuestro desarrollo personal es lo que puede hacernos felices"

Depresión…
¡Te vencí!

"No hubo tiempo para la tristeza"

"Mujer, ámate tanto que el universo no tenga más remedio que darte todo lo que deseas y la vida conspire a tu favor"

Depresión...
¡Te vencí!

"No hubo tiempo para la tristeza"

"Nunca subestimes el poder que tienes como mujer. Eres fuerte, valiente y capaz de lograr cualquier cosa que te propongas.

No dejes que los obstáculos te detengan; supéralos con determinación y confianza.

Tu voz, tus ideas y tus acciones son importantes y tienen un impacto significativo en el mundo.

Ámate a ti misma, apoya a otras mujeres y juntas construiremos un futuro más igualitario y brillante.

¡Eres poderosa y mereces todo el éxito y la felicidad que deseas!"
#EmpoderamientoFemenino

Depresión...
¡Te vencí!
"No hubo tiempo para la tristeza"

Depresión...
¡Te vencí!

"No hubo tiempo para la tristeza"

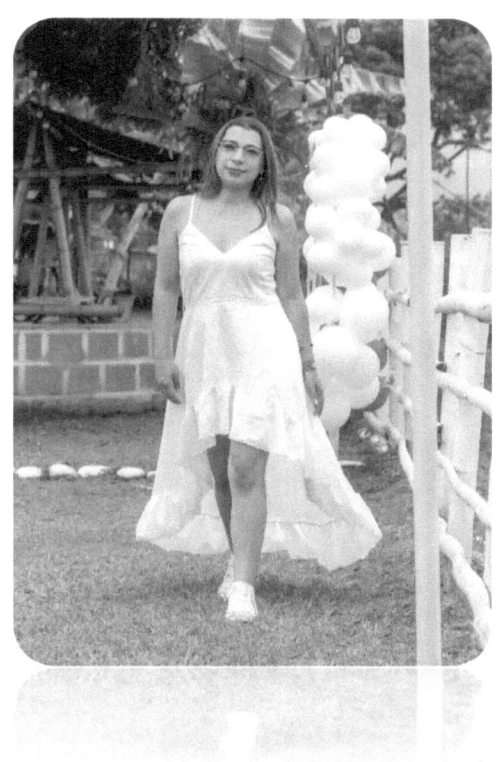

"¡Ámate tanto, que el mundo te ame sin saber por qué!"

Depresión...
¡Te vencí!
"No hubo tiempo para la tristeza"

www.ingramcontent.com/pod-product-compliance
Lightning Source LLC
Chambersburg PA
CBHW031422210526
45464CB00005B/2000